ANDREA ARENS

DIE BESTIEN VON ST. JOHANNES IN WORMS

FORSCHUNGSBEITRAG ZU WORMSER BAUFRAGMENTEN IM DOM- UND DIÖZESANMUSEUM MAINZ

FORSCHUNGSBEITRÄGE DES BISCHÖFLICHEN DOM- UND DIÖZESANMUSEUMS 2

IMPRESSUM

Bibliografische Information der Deutschen Nationalbibliothek
Die Deutsche Nationalbibliothek verzeichnet diese Publikation in der Deutschen Nationalbibliografie; detaillierte bibliografische Daten sind im Internet über http://dnb.dnb.de abrufbar.

Herausgeber: Dr. Winfried Wilhelmy
Redaktion: Dr. Gerhard Kölsch
Bildredaktion: Dipl.-Ök. Anja Coffeng M.A.
Satz, Graphik und Layout: gutegründe GbR (Frankfurt)

1. Auflage 2014

Druck: Erhardi Druck GmbH, Regensburg
ISBN 978-3-7954-2964-5

Weitere Informationen zum Verlagsprogramm erhalten Sie unter:
www.schnell-und-steiner.de

VORWORT

Zu den wichtigsten Objekten, die das Dommuseum Mainz beherbergt, gehört ein bislang in der Forschung nur wenig beachtetes Ensemble von sechs ausdrucksstarken Bestien, die einst die Wormser Johanneskirche schmückten. Das Im frühen 19. Jahrhundert abgerissene und daher weithin unbekannte Gotteshaus zählt in Architektur und Bauschmuck zu den interessantesten Kirchengebäuden der rheinischen Spätromanik. Im vorliegenden Forschungsheft wird jede der im Dommuseum aufbewahrten Skulpturen figürlichen Bauschmuckes ausführlich gewürdigt und ganzseitig im Bild vorgestellt.

Für die Bearbeitung dieses Konvolutes konnten wir mit Frau Andrea Arens M.A. eine ausgewiesene Kennerin der mittelrheinischen Skulptur gewinnen. Ihren umfangreichen Recherchen in Archiven und Bibliotheken sind neue, profunde Ergebnisse zum Kontext eines Skulpturenensembles zu verdanken, das in seiner Qualität und Bedeutung der berühmten Bauplastik am unmittelbar benachbarten Wormser Dom nicht nachsteht. Frau Arens gilt daher mein sehr herzlicher Dank für ihre engagierte Arbeit! Prof. Friedhelm Jürgensmeier hat in vielen Gesprächen zahlreiche wichtige Anregungen vermittelt, auch ihm gilt der herzliche Dank von Herausgeber und Autorin. Ebenso möchte ich allen Kolleginnen und Kollegen aus zahlreichen Museen und Archiven an Rhein, Main und Neckar danken, unter vielen namentlich Frau Dr. Irene Spille und Frau Claudia Weissert (Worms) sowie Herrn Aquilante de Filippo M.A. (Heidelberg), ohne deren großzügige Unterstützung die hier vorgelegte Studie nicht möglich gewesen wäre. Mögen weitere zu nicht weniger interessanten Objekten folgen.

Dr. Winfried Wilhelmy
Direktor des Bischöflichen Dom- und Diözesanmuseums

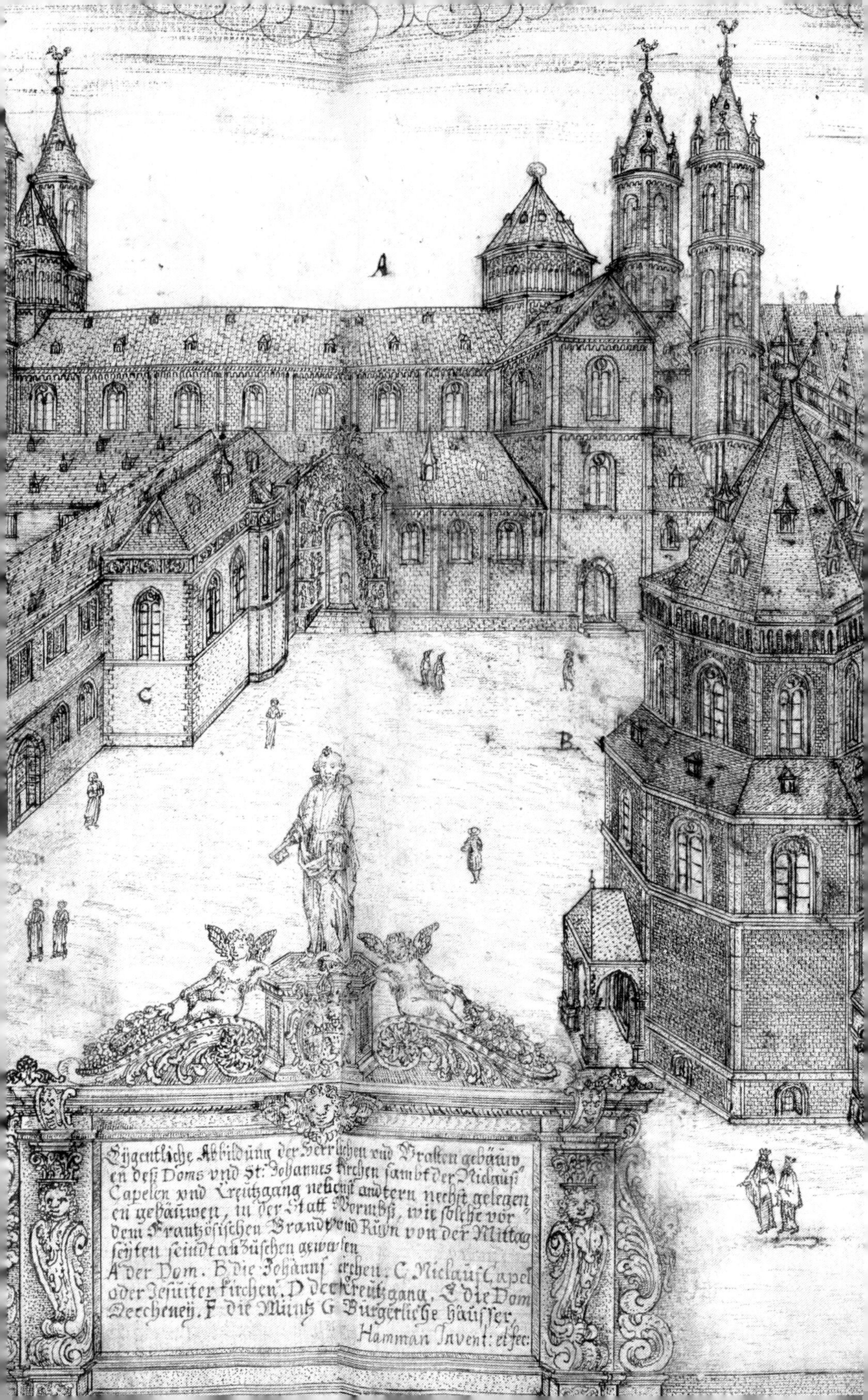
A
B
C
Eÿgentliche Abbildung der Herrlichen und Prachten gebäuw
en deß Doms und St: Johannes kirchen sambt der Niclauß
Capelen und Creutzgang neben andern nechst gelegen
en gebäuwen, in der Statt Wormbß, wie solche vor
dem Frantzösischen Brandt und Rüyn von der Mittag
seyten seindt zu sehen gewesen
A der Dom. B die Johannß kirchen. C Niclauß Capel
oder Jesüiter kirchen. D der Kreutzgang. E die Dom
Dechenei. F die Müntz G Bürgerliche häusser,
Hamman Invent: et fec:

ANDREA ARENS

DIE BESTIEN VON ST. JOHANNES IN WORMS

FORSCHUNGSBEITRAG ZU WORMSER BAUFRAGMENTEN IM DOM- UND DIÖZESANMUSEUM MAINZ

EINFÜHRUNG

Zu den herausragenden Beispielen der spätromanischen Bauplastik im Bischöflichen Dom- und Diözesanmuseum Mainz gehören sechs ausdrucksstarke Tier- und Fabelfiguren (s. Katalog S. 35–49) und ein mit Blattornamenten gestaltetes Kapitell. Die Skulpturen waren einst schmückende Bauelemente einer Johannes dem Täufer geweihten Kirche an der Südostseite des Wormser Domes *(s. Abb. links)*. Hier bildeten sie die Basis oder das Kapitell von deren Säulen und Wandgliederungen.[1] Als einer der großen Zentralbauten des späten 12. Jahrhunderts gehörte die Johanneskirche bis zu ihrem Abriss 1807/08 zu den interessantesten Sakralarchitekturen Deutschlands. Mit ihren grandiosen Tierplastiken und mit ihren floral und ornamental gestalteten Kapitellen, Kämpfern und Bogenläufen besaß St. Johannes einen Reichtum an Bauschmuck, mit dem sich nur der Westchor des Wormser Doms messen konnte. Kein anderer Bau staufischer Zeit, der als Nebengebäude einer Bischofskirche errichtet war, ist in Größe, Reichtum und Qualität der Bauausstattung mit der Johanneskirche vergleichbar. Dennoch hat ihr Skulpturenschmuck bislang in der Forschung nur wenig Beachtung gefunden. Dies hängt vermutlich damit zusammen, dass die Bauskulptur der ab 1807 niedergelegten Kirche in Teilen verlorengegangen ist und die erhaltenen Reste über Sammlungen in Worms, Mainz, Frankfurt und Heidelberg zerstreut sind. Die außerordentliche

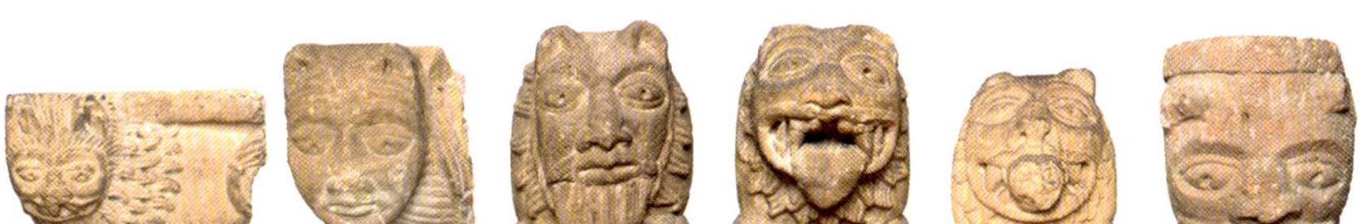

1 Grundlegend zur Bauplastik der Wormser Johanneskirche: Arens/Böcher 1961/62, S. 85–107.

Abb. 3 ▲
Das Bestiarium der untergegangenen Wormser Johanneskirche, Mainz, Bischöfliches Dom- und Diözesanmuseum

Qualität der Stücke und ihre enge stilistische und ikonographische Nähe zu den berühmten Tierdarstellungen am Westchor des Wormser Domes sind ein Grund, sich ihnen in diesem Forschungsheft einmal monographisch zu nähern. Hinzu kommt die singuläre und noch nicht abschließend erforschte Baugestalt des ihnen Heimat gebenden Kirchenbaus, dessen Funktion und Datierung ebenfalls ausführlich diskutiert werden soll.

PROVENIENZ DER BESTIARIEN DES MAINZER DOMMUSEUMS

Das Mainzer Domkapitel erwarb 1861/62 verschiedene Architekturteile aus der Sammlung des vermögenden Wormser Bäckers, Weinhändlers und Geschäftsmanns Johann Philipp Bandel (1785–1866). Die umfangreiche Sammlung Bandels umfasste Exponate aus allen Kunstbereichen. Neben Gemälden, Skulpturen, Kunsthandwerk, Büchern und graphischen Blättern waren dies auch Architekturfragmente, darunter zahlreiche Stücke der abgerissenen Wormser Johanneskirche. Johann Philipp Bandel hatte einst Säulen der Zwerggalerie dieser Kirche für 28 Gulden aus der Sammlung des Wormser Johann Adam Menger (1775–1836) gekauft, welcher wiederum die Bauteile bei der Versteigerung der Johanneskirche 1807 erworben hatte.[2] Einen Kaufvertrag, Rechnungen oder ein Inventar über die romanischen Bauplastiken, welche das Mainzer Domkapitel 1861/62 bei Bandel kaufte, gibt es nicht. Man weiß nur allgemein von dem Erwerb und nichts über die genaue Zahl, die Art der Stücke oder ihre Gestaltung. Grund für den Verkauf war, dass Johann Philipp Bandel wegen seines hohen Alters in die Schweiz zu seiner Nichte ziehen und seine Besitzungen ordnen bzw. „kapitalisieren“ wollte. Da die Stadt Worms kein Interesse an der umfangreichen Kunstsammlung hatte, die Fachwelt jedoch deren wissenschaftlichen Wert sah, bemühten sich verschiedene private Käufer, Händler und museale Institutionen um einen Ankauf. Die Bieter kamen aus Worms, Darmstadt, Mainz, Frankfurt am Main und Karlsruhe, aber auch aus Mecklenburg sowie aus Paris und Brüssel.[3]

2 Mahlerwein 2011, S. 40. – Schneider 1903, S. 25, Nr. 274–276.
3 Mahlerwein 2011, S. 40, 68–70.

ABRISS DER JOHANNESKIRCHE IN WORMS

Im Pfälzischen Erbfolgekrieg (1688–1697) wurde Worms verwüstet und stieg zu einer kleinen Landstadt herab. Mit der Säkularisation wurde das Bistum Worms 1803 aufgelöst und damit auch das Hochstift. Zahlreiche Kirchen und Klöster wurden geschlossen und auf Abbruch versteigert, um Kosten für funktionslos gewordene Bauwerke zu sparen und Geld für Instandsetzungsarbeiten zu erwirtschaften. Dazu gehörte auch die Johanneskirche, die ihre Funktion als Pfarrkirche verloren hatte, da diese Aufgabe nun auf den Dom übertragen wurde. Dementsprechend sollte der Gewinn aus der am 26. Januar 1807 auf Abbruch versteigerten Johanneskirche für die Renovierung des Doms verwendet werden. Die Versteigungsbedingungen verpflichteten die Käufer, Baumeister Blattner und Zimmermann Bertrand, das Kirchengebäude binnen acht Jahren niederzulegen. Trotz der massiven Bauweise, von der die Quellen berichten, war die Zerstörung der Wormser Johanneskirche 1808 schon weit fortgeschritten.[4] Zahlreiche Architekturteile gelangten in private und öffentliche Sammlungen und sind heute im Kurpfälzischen Museum der Stadt Heidelberg,[5] im Liebieghaus in Frankfurt am Main,[6] im Landesmuseum Mainz[7] sowie im Dom- und Diözesanmuseum Mainz. Wilhelm Lotz berichtet in seiner 1863 erschienenen Kunst-Topographie Deutschlands,

4 Kranzbühler 1905, S. 47. – Spille 1992, S. 48. – Gassen 2007, S. 155–158. – Dehio Rheinland-Pfalz/Saarland 1984, S. 1155–1157, 1160.

5 Das Kurpfälzische Museum der Stadt Heidelberg ging 1878/79 aus dem Ankauf der privaten Sammlung des Louis Charles François de Graimberg (1774–1864) durch die Stadt Heidelberg hervor; vgl. Artikel „Kurpfälzisches Museum der Stadt Heidelberg" bei Wikipedia, URL: http://de.wikipedia.org/wiki/Kurpfälzisches_Museum_der_Stadt_Heidelberg (Zugriff 5. Februar 2014). – Säulen der Wormser Johanneskirche wurden im ehemaligen Lapidarium des Kurpfälzischen Museums verbaut; heute befindet sich dort ein Restaurant.

6 1937 erhielt das 1907 eröffnete Liebieghaus in Frankfurt die Halbfigur eines Löwen sowie die einer männlichen Sphinx von dem Wormser Bürger P. J. Valkenberg (Valkenberg'schen Kellerei). Die beiden Steinskulpturen waren bis dahin im Garten des Wormser Patrizierhauses aufgestellt gewesen. Adolf Tschirner in: Wormser Zeitung, 7. und 25.3.1933 (Stadtarchiv Worms, Abteilung 20, Nr. 679). – Zinke 1981, S. 140–142.

7 Der Mainzer Altertumsverein, 1844 gegründet, initiierte u. a. die Gründung des Mainzer Altertumsmuseums, das heutige Landesmuseum Mainz, in dessen Beständen sich die vom Altertumsverein gesammelten Kunstwerke befinden.

dass *„einige wohlerhaltene Säulen der Zwerggalerie“* aus dem Haus Bandel nach Mainz kamen und dort im Domkreuzgang aufgestellt wurden. Bei der Gründung des Paulus-Museums 1881 gelangten die Steine – so Wilhelm Lotz – wieder nach Worms.[8] Vermutlich waren aber mehr Fragmente der Wormser Johanneskirche nach Mainz gebracht worden, und ein Teil verblieb hier. Die Steine, die zunächst im Mainzer Domkreuzgang aufgestellt waren, fanden 1925 ihre Aufstellung im Mainzer Dom- und Diözesanmuseum, wo sie noch heute zu sehen sind.[9]

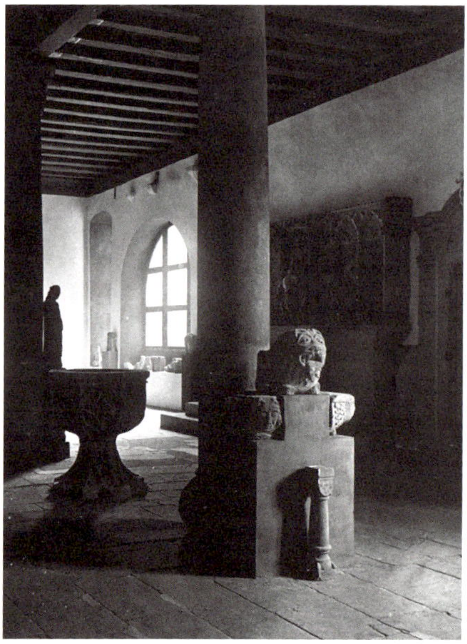

Abb. 4 ◀
Mainz, Dommuseum, Zustand um 1925, im Bildvordergrund zwei Löwenprotome und die weibliche Sphinx der Wormser Johanneskirche.

Bei der Vermittlung der wertvollen Bauplastik spielte vermutlich der Mainzer Domkapitular Dr. Friedrich Schneider eine Rolle.[10] Schneider, 1859 zum Priester geweiht und ab 1861 Dozent für Liturgik und Geschichte der christlichen Kunst am Mainzer Priesterseminar, war besonders mit der Kunst des Mittelrheins vertraut und kannte sicher die Sammlung Bandel. In einem 1903 von Schneider verfassten Text zum Mainzer Dom und seinen Denkmälern benennt er nicht näher spezi-

8 Schmitt 1895, S. 482. – 1879 gründete sich in Worms der Altertumsverein, dessen Kunstsammlung ab 1881 im Museum Paulusstift und seit 1928/1930 im Museum Andreasstift aufbewahrt werden. Arens/Böcher 1961/62, S. 91. – Vgl. Artikel „Andreasstift Worms“, Abschnitt Geschichte, bei Wikipedia, URL: http://de.wikipedia.org/wiki/Andreasstift_(Worms) (Zugriff am 21. Januar 2014).

9 Arens/Böcher 1961/62, S. 104. – Dommuseum Mainz 2008, S. 25f., Nr. 17, 18.

10 Arens/Böcher 1961/62, S. 91. – Friedrich Schneider (1836–1907) war 1861 als Dozent für Liturgik und Geschichte der christlichen Kunst an das Priesterseminar in Mainz berufen worden; zu seiner Person vgl. Hinkel 2008, passim.

fizierte Teile der hier vorgestellten Bauplastiken als *„romanisches Fundstück von der Taufkirche zu Worms“.*[11] Der stilistische Vergleich mit Bauplastik, besonders in den Museen Worms und Frankfurt am Main, die ebenfalls von der Wormser Johanneskirche stammen, unterstützt diese Zuweisung.

DIE BAUGESTALT DER JOHANNESKIRCHE

Die Bauform der Johanneskirche gibt bis heute viele Rätsel auf. Neben schriftlichen Quellen geben besonders zwei wohl 1692 von Johann Friedrich Hamman (1655 - vor 1718) gefertigten Ansichten auf Dom und Johanneskirche wichtige Aufschlüsse über die Gestalt der Johanneskirche *(s. Abb. 2 und S. 53)*. Die Zeichnungen gehören zu einer Serie von Ansichten der Stadt Worms, wie sie sich vor der Zerstörung 1689 darstellte. Die Ansichten wurden im Auftrag des Wormser Stadtrates zwischen 1690 und 1692 von Peter Hamman (1624–1692) und seinem Sohn Johann Friedrich gefertigt. Jedoch nahmen die Zeichner die Ansichten nicht vor Ort auf, so dass Fehler und Ungenauigkeiten in der Wiedergabe der Gebäude entstanden, was beispielsweise an verschiedenen Bauteilen des Doms festzustellen ist.[12] Weitere wichtige Bildzeugnisse zur ehemaligen Gestalt der Johanneskirche sind die 1817 geschaffenen Zeichnungen des Baumeisters Blattner *(Abb. 5)* und die Reste eines zu unbekannter Zeit gefertigten Papiermodells *(Abb. 6)* von anonymer Hand, die uns den Grund- bzw. den Aufriss des Kircheninneren überliefern.[13] Die Kirche war demnach als zehnseitiger Polygonalbau unmittelbar südlich des Domquerhauses errichtet worden. Sie bestand aus einer Unterkirche, die zu zwei Dritteln im Boden lag, und aus einer Oberkirche, die durch drei Portale mit Treppenaufgang begehbar war. Sowohl der Mittelbau der

11 Schneider 1903, S. 25, Nr. 274–276.

12 Reuter 1989, S. 32–36, besonders S. 42f., 90–93.

13 Kranzbühler 1905, S. 21–33. Jedoch zeigen alle Zeichnungen im Vergleich Unterschiede im Detail. Diese Ungenauigkeiten oder Verfälschungen sind mit den Umständen ihrer Entstehung zu erklären. An dieser Stelle sei Frau Dr. Irene Spille vom Stadtarchiv Worms sehr herzlich für wichtige Hinweise und aufschlussreiche Gespräche zu den romanischen Bauten der Stadt Worms, insbesondere der Johanneskirche, gedankt.

Abb. 5 ▼
Geometrischer Plan, Grundriss des Domsüdplatzes mit Johanneskirche, datiert 19. März 1817. Tusche, koloriert auf Papier. Gezeichnet von Baumeister Blattner, der 1807 die Johanneskirche auf Abriss ersteigerte. Stadtarchiv Worms, Abt. 217, Sig. Pl Joh. 2/2f

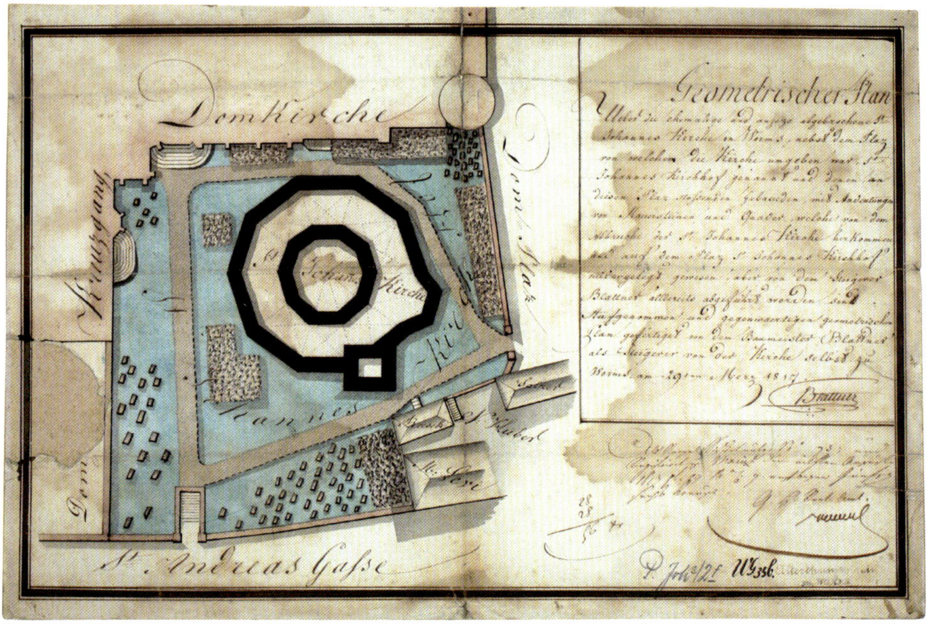

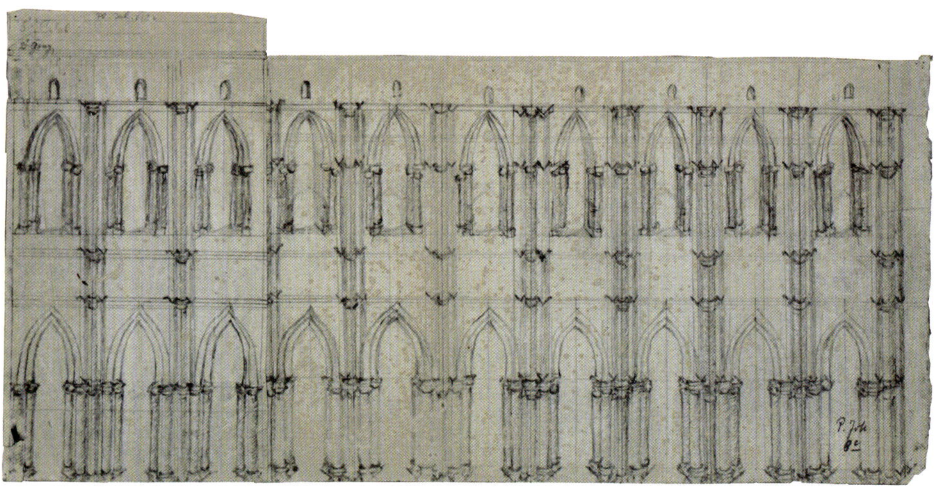

Unterkirche als auch der der Oberkirche waren von einem eingeschossigen Umgang umfasst und von einem Gewölbe geschlossen. In der Unterkirche trennten kräftige, schmucklose Stützen den Innenraum vom Umgang. Schachtähnliche Fenster durchbrachen außen die Sockelzone der Johanneskirche und brachten Licht in die Unterkirche. Die spitzbogigen Arkaden zum unteren Mittelbau waren schmucklos, ohne Basen und Kapitelle. Schlichte Grate trennten die Segmente des Gewölbes.

Am Außenbau rahmten im Erdgeschoss wie im Turmgeschoss Ecklisenen und Bogenfriese die Seiten des Dekagons. Die Öffnung der Wandflächen durch Fenster ist nicht eindeutig überliefert. Historische Ansichten und Beschreibungen variieren. Eine Außenansicht *(Abb. 7)* zeigt je zwei Rundbogenfenster mit zentral darüberliegendem Oculus, der die Wandflächen der Hauptkirche öffnet und zwei kurze rundbogige Schachtfenster, die der Unterkirche Licht gaben. Eine erste umlaufende Zwerggalerie mit aufwändigem Kapitell- und Basenschmuck schloss die Umfassungsmauer der Hauptkirche ab. Darüber folgte ein Satteldach, das den Umgang bedeckte. Das Turmgeschoss der Hauptkirche wurde auf jeder Seite von großen einfachen Spitzbogenfenstern geöffnet, die am Außenbau aufgrund des vorgestellten Satteldachs kaum sichtbar waren. Eine zweite Zwerggalerie, mit darüber befindlichem steinernem Helmdach, schloss das Turmgeschoss ab. Rund 200 Säulen mit prächtig gestalteten Kapitellen und Basen schmückten die Galerien. Zahlreiche dieser Säulen waren monolith gearbeitet, d.h. Säulenschaft und Kapitell waren aus einem Stein gemeißelt.[14] Drei Portale führten in das Innere der Kirche. Das nördliche lag direkt gegenüber dem Domportal, das in das südliche Querhaus der Bischofskirche führte. Das Westportal der Johanneskir-

14 Arens/Böcher 1961/62, S. 91. – Einige Beispiele hierfür sind heute im Museum der Stadt Worms im Andreasstift erhalten.

Abb. 6 ◄
Teil der Reste eines Papiermodells von St. Johannes in Worms, anonym, undatiert. Graphit auf Papier, Stadtarchiv Worms, Abt. 217, Sig. Pl Joh. 8c

Abb. 7 ▼
Ansicht der Johanneskirche von Westen, anonym, undatiert, Tusche auf Papier. Stadtarchiv Worms, Abt. 217, Sig. Pl Joh. 2/11b

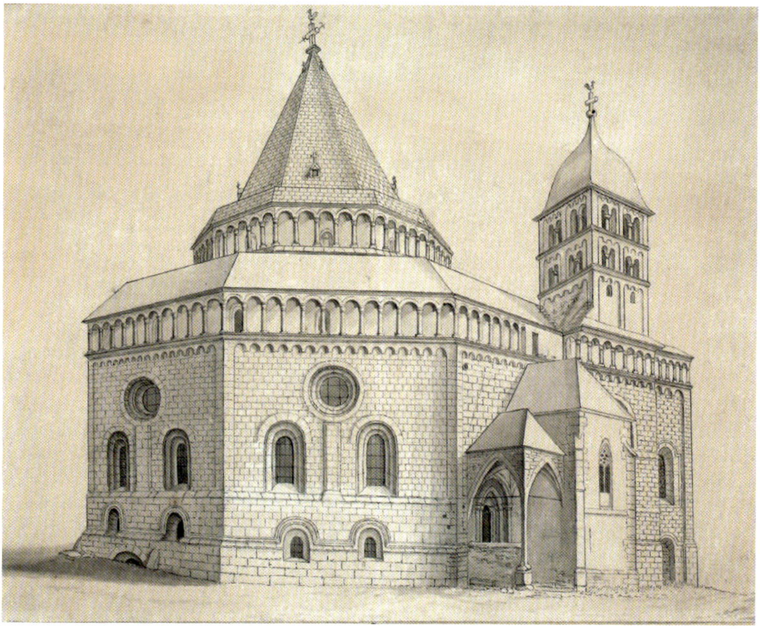

che, einst Hauptportal, gab den Blick frei auf den baulich hervorgehobenen Chor der Pfarrkirche, und das Südportal befand sich unmittelbar neben dem quadratischen Glockenturm, der im Osten an den Zentralbau angefügt war. Im Inneren der Oberkirche fand die Architektur eine weitere Steigerung *(Abb. 8)*.[15] Am Mittelbau waren zwischen den hohen spitzbogigen Arkaden vorgelegte Säulen und Halbsäulen bzw. Dienste angeordnet, die den dreizonigen Wandaufbau bis zum Kuppeldach

15 Besonders die Innengestaltung scheint eine frühe Rezeption französischer Baugedanken gewesen zu sein, die zu Beginn des 13. Jahrhunderts in das Rheinland vordrang. Zu den Verbindungen der Wormser Bauhütte, bzw. ihrer Meister zur französischen, speziell elsässischen Baukunst s. Nothnagel/Arens 1971.

Abb. 8 ►
Blick in das Innere der Johanneskirche (von Nordwesten nach Süden), anonym, undatiert, wohl nach Abbruch der Kirche gefertigt. Tusche auf Papier Stadtarchiv Worms, Abt. 217, Sig. Pl Joh. 2/12a

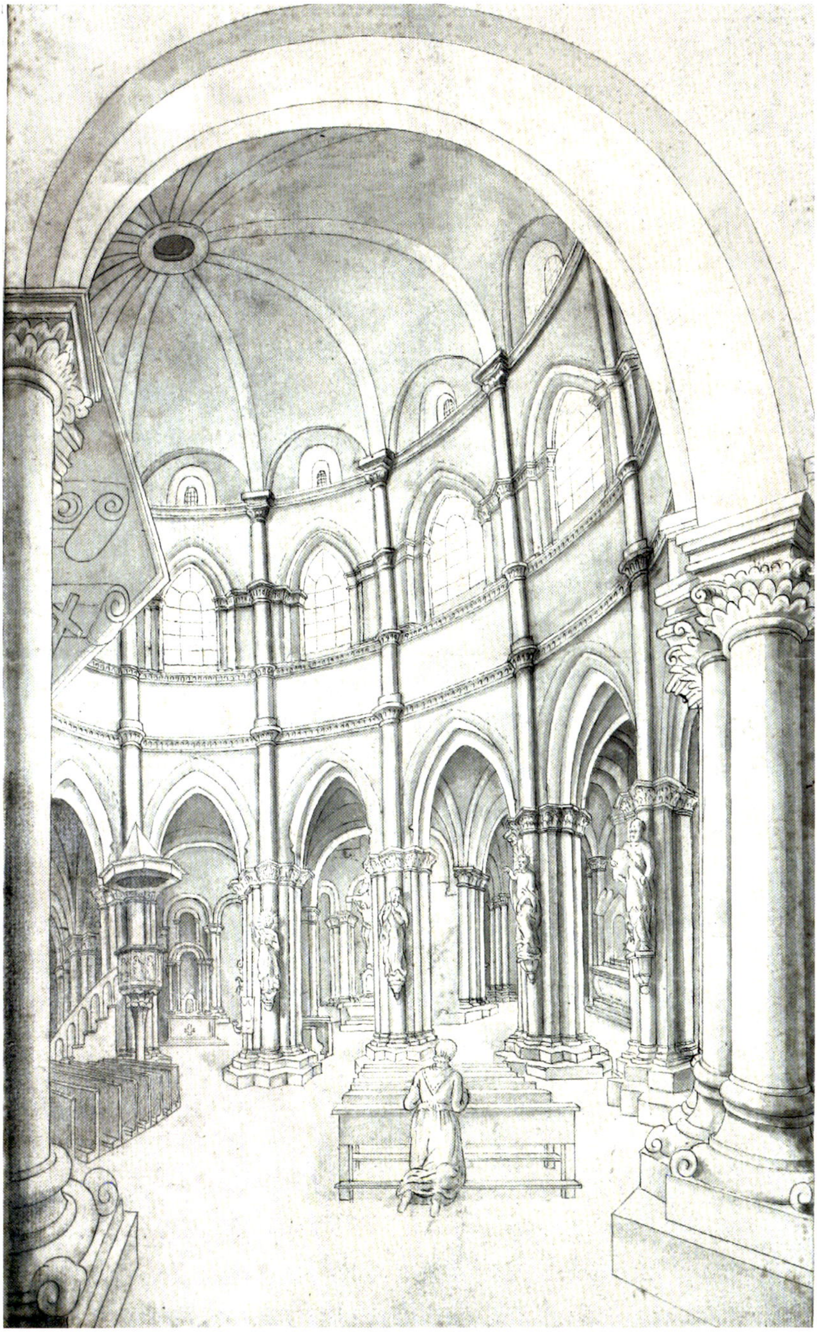

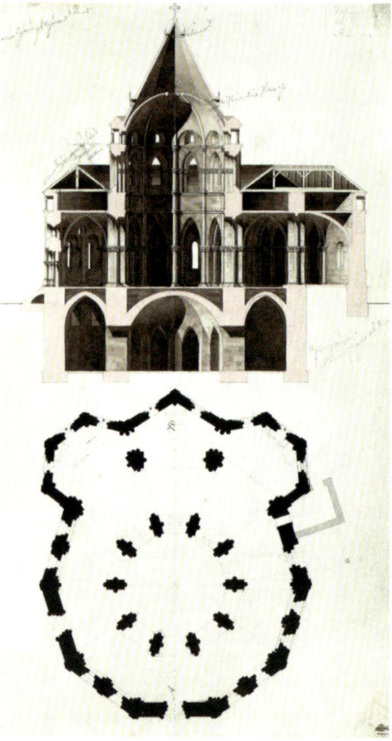

Abb. 9 ◄
Innenaufriss der Johanneskirche, Rekonstruktion, anonym, undatiert, wohl nach Abbruch der Kirche gefertigt. Tusche koloriert auf Papier, Stadtarchiv Worms, Abt. 217, Sig. Pl Joh. 2/15

gliederten. Sie waren reich mit unterschiedlich gestalteten Basen, Kapitellen und Kämpfern geschmückt. Ornamentierte Kapitell- und Kämpferstreifen zogen sich horizontal um das Oktogon und verkröpften sich an Säulen und Diensten. Eine Grundrisszeichnung der Kirche *(Abb. 9, unten)*, zu unbekanntem Zeitpunkt von anonymer Hand gefertigt, zeigt drei polygonale Chöre im Osten des Zentralbaus: der mittlere als im Grundriss flaches Dreieck, die beiden angrenzenden mit 4/8-Chorschluss.[16] Wie die Chorsituation in der Wormser Johanneskirche tatsächlich aussah, ist nicht überliefert, da alle nachträglich gefertigten Grundriss- und Innenzeichnungen diesen Bereich unvollständig und voneinander abweichend wiedergeben. Es wäre denkbar, dass der spätgotische Taufstein – heute in der Nikolauskapelle des Doms – einst im südlichen Seitenchor der Johanneskirche, unmittelbar neben Glockenturm und Südportal aufgestellt war. Auf der Innenansicht der Johanneskirche *(Abb. 8)* ist er nicht, wie für ein Baptisterium sonst üblich, im Zentrum der Kirche aufgestellt. Dies hätte auch die Funktion der Pfarrkirche gestört.

16 Formal vergleichbar wäre hier die in der zweiten Hälfte des 11. Jahrhunderts errichtete Stiftskirche St. Peter in Wimpfen, ein Zentralbau im frühromanischen Stil mit zwölfseitigem Umgang und drei Apsiden im Osten. Der Kirchenbau des vor 1068 vom Wormser Bischof gegründeten Stifts ist heute nur noch im Grundriss bekannt. Die Stiftskirche St. Peter in Wimpfen wurde ab 1269 als gotische Basilika erneuert; vgl. Kosch 2011, S. 44f. – Untermann 1998, S. 23, 25.

TAUFKIRCHE, BEINHAUS ODER HEILIG-GRAB-KIRCHE: DIE JOHANNESKIRCHE UND IHRE URSPRÜNGLICHEN FUNKTIONEN

Der Zentralbau war immer eine besondere und herausgehobene Bauform und im Mittelalter sakralen Architekturen vorbehalten. An erster Stelle ist hier das Aachener Münster zu nennen, das zwischen 796 und 805 als Pfalzkapelle unter Karl dem Großen errichtet wurde. Die St. Johanneskirche entsprach mit einem Außendurchmesser von mehr als 33 Metern im Grundriss der Größe jenes Münsters, war in der Höhe jedoch geringer. Architektonische Bezüge sind auch zu den Doppelkapellen der Dome in Mainz - St. Gotthard, als Hauskapelle des Bischofs, 1137 geweiht[17] - und Speyer - SS. Emmeram und Katharina, vermutlich als Kapitelsaal mit Anschluss an Kreuzgang und Stiftsgebäude vor 1080 begonnen[18] - zu erkennen. Auch sie sind vergleichbar zum jeweiligen Dom positionierte und im Kern turmartig überhöhte Zentralbauten.

In den vorhandenen Urkunden wird die Wormser Johanneskirche nie als Baptisterium bezeichnet. Johann Friedrich Schannat war der erste, der das Bauwerk in der von ihm verfassten *Historia episcopatus Wormatiensis*, 1734 in Frankfurt am Main gedruckt, so benennt.[19] Der Wormser Zentralbau war Johannes dem Täufer geweiht, ein Patrozinium, das häufig bei besonders ausgewiesenen Taufkirchen zu finden ist. Dies muss jedoch nicht zwangsläufig auf eine im Ursprung als Taufkirche errichtete Architektur schließen lassen. Auch der von Löwen getragene, um 1480/90 datierte Taufstein aus St. Johannes, der heute in der Nikolauskapelle des Wormser Doms aufgestellt ist, ist nur ein Beleg für das Taufrecht, das die Kirche nachweislich seit dem frühen 13. Jahrhundert als Pfarrkirche ausübte, nicht aber dafür, dass der Zentralbau in der Funktion als Baptis-

17 Winterfeld 2003, S. 17. – Jung 1990, S. 20.
18 Jöckle 1989, S. 18.
19 Kranzbühler 1905, S. 35. – 1729 berief der Erzbischof von Mainz, Franz Ludwig von Pfalz-Neuburg (1664–1732), Johann Friedrich Schannat (1683–1739) in seinen Dienst und beauftragte ihn, eine Geschichte des Bistums Worms zu erstellen, dessen Amtsträger er war; vgl. den Artikel „Johann Friedrich Schannat“ bei Wikipedia, URL: http://de.wikipedia.org/wiki/Johann_Friedrich_Schannat (Zugriff am 22. Januar 2014).

terium erbaut wurde.[20] Zudem sind Taufkirchen in der Regel rund oder als Oktogon, jedoch nie als Dekagon gestaltet.[21]

Eine Taufkirche unmittelbar neben der Bischofskirche als Zentralbau zu errichten ist eine vornehmlich italienische Bautradition, die bis ins 13. Jahrhundert zu beobachten ist. Vorbild in Gestalt wie Funktion könnten für die Wormser Johanneskirche daher oktogonale oder als Rotunde konzipierte Baptisterien gehabt haben (Rom, Lateran, um 315 vermutlich rund errichtet und 432 bis 440 zu einem Oktogon verändert; Florenz, 1059 geweiht; Rotunde in Pisa, 1152 begonnen). Hiesiges Beispiel einer

20 Arens/Böcher 1961/62, S. 90. – Ob St. Johannes von Beginn an Pfarrkirche war, ist aus den Quellen nicht ablesbar. Untermann 1998, S. 264 vermutet, dass diese Funktion, wie sie auch für den einst unmittelbar am Ostchor der Bonner Stiftskirche SS. Cassius und Florentius befindlichen großen Rundbau St. Martin belegt ist, vermutlich erst später eingerichtet wurde und nicht für die Wahl der Bauform bestimmend war. Die Bonner Pfarrkirche St. Martin ersetzte eine seit 799 nachgewiesene Kirche und wurde vermutlich um 1140 mit dem romanischen Neubau der Stiftskirche SS. Cassius und Florentius errichtet. Im Zuge der Säkularisation wurde das Cassius-Stift, dem die Martinskirche angehörte, 1802 aufgehoben. Das Bonner Münster erhielt das Pfarrrecht und die funktionslose Martinskirche wurde 1812 abgerissen. Verbeek 1979, S. 5, 29f. – Artikel „St. Martin (Bonn)" bei Wikipedia, URL: http://de.wikipedia.org/wiki/St._Martin_%28Bonn%29 (Zugriff am 7. Januar 2014). Es ist aber anzunehmen, dass der Taufgedanke bei beiden Pfarrkirchen sicher aufgrund der ungewöhnlichen Architektur immer ein wichtiger Aufgabenbereich gewesen war.

21 Es ist in der Forschung diskutiert worden, ob das Dekagon der Wormser Kirche möglicherweise auf einen Vorgängerbau zurückzuführen ist. Vielleicht entstand hier bereits mit dem Bau des ersten Doms unter Bischof Burchard I. (1000–1025) ein Sakralbau. Kranzbühler 1905, S. 34, der alle Quellen zur Wormser Johanneskirche zusammenstellte, führt auf, dass Johann Friedrich Schannat notiert hatte, unter Bischof Burchard sei zu Beginn des 11. Jahrhunderts der Dombau, wie auch das daneben gelegene achteckige Baptisterium vollendet worden. Englert 1986, S. 7 geht von einem noch älteren Vorgängerbau aus, wenn er annimmt, dass unter der Königswitwe Brunichild (um 545/550–613) und ihrem Nachfolger Dagobert I. (um 608 oder 610–639) hier die erste dreischiffige Basilika errichtet wurde und südlich davon im gleichen Zeitraum eine zehneckige Taufkirche entstand. – S. hierzu auch Heiß 1934/43, besonders S. 138f. – Gassen 2007, S. 160 nennt die in der 1. Hälfte des 7. Jahrhunderts unter Königin Brunichild erbaute Wormser Bischofskirche als die älteste auf deutschem Boden. – Dehio Rheinland-Pfalz/Saarland 1984, S. 1155–1159. Hotz 1985, S. 141 vermutet ebenfalls aufgrund des Grundrisses und des Patronats der Johanneskirche, dass möglicherweise schon unter den Karolingern, spätestens aber in ottonischer Zeit, hier ein erster Kirchbau entstand. In staufischer Zeit neugestaltet, behielt die Johanneskirche nach seiner Meinung den Grundriss und die Krypta bei, ebenso den Glockenturm, den Hotz in die erste Hälfte des 12. Jahrhunderts datiert.

Taufkirche neben einer Kathedrale ist die Mainzer Johanniskirche – in frühmittelalterlicher Zeit zunächst als Dom errichtet –, die mit der Weihe des unmittelbar östlich errichteten neuen Doms zur Stiftskirche wurde und ihr heutiges Patrozinium erhielt.[22] Erwähnenswert ist weiterhin, dass sowohl die Mainzer als auch die Wormser Johanneskirche wohl einen überdeckten Gang zum Seiteneingang des Doms hatten, was die Funktion als Stationskirche unterstreicht.[23]
Ungewöhnlich für eine Taufkirche ist auch eine Unterkirche, wie sie in der Wormser Johanneskirche vorhanden war. Als Ersatz für die im Dom fehlende Krypta ist sie wohl nicht zu verstehen.[24] Der Friedhof auf der Südseite des Wormser Doms könnte jedoch der Johanneskirche auch die Funktion einer Grablege bzw. eines Ossuariums gegeben haben.[25] Christliche Bestattungen auf diesem räumlich begrenzten Friedhof inmitten der Stadt sind bereits aus frühmittelalterlicher Zeit belegt. 1873 wird im *Organ für Christliche Kunst* geschrieben, dass ein Augenzeuge berichtete, die Unterkirche habe als Beinhaus gedient und sei mit Gebeinen angefüllt gewesen.[26]

22 Eine Urkunde des Jahres 1112 spricht St. Johannis in Mainz als alten Dom an. Ebenso das Eberbacher Kopialbuch von 1211, das als Kirchweihtag den Martinstag nennt. Das Johannispatrozinium ist erst seit dem 12. Jahrhundert in den Schriftquellen mit der Kirche verbunden. Vgl. De Filippo/Keil 2013, passim. – Winterfeld 2013, S. 5f., hier auch die Ergebnisse zur jüngsten Bauforschung der Mainzer Johanniskirche. – Wegner 1997, S. 100.

23 Heiß 1934/43, S. 138. – Winterfeld 2013, S. 14, Abb. 7. Viel spricht für die Nutzung der Wormser Johanneskirche als Stationskirche des Domklerus, in der bestimmte Stationsgottesdienste gefeiert wurden. Eine ausgewiesene liturgische Funktion ist jedoch nicht überliefert.

24 Arens/Böcher 1961/62, S. 86. – Untermann 1998, S. 225. Das Fehlen einer Krypta im Dom ist sicher mit der modernen Bauidee des Doms zu begründen. Im späten 12. Jahrhundert verlor die Krypta ihre Bedeutung, und Reliquien wurden mehr und mehr in kostbaren Schreinen im Kirchenraum präsentiert.

25 Seit der Mitte des 12. Jahrhunderts wurden im Südosten des deutschen Reiches zahlreiche zweigeschossige Beinhäuser (Karner) errichtet. Beispiele hierfür sind in Niederösterreich, der Steiermark und Kärnten zu finden; vgl. Untermann 1998, S. 222. Im Gebiet des Mittelrheins ist die Errichtung eines Beinhauses dagegen ungewöhnlich. Ein seltenes Beispiel dafür ist die in der Spätgotik errichtete St. Michaelkapelle mit Beinhaus und Gebetskapelle der Valentinuskirche in Kiedrich im Rheingau.

26 Bericht ohne Verfasserangabe in: Organ für christliche Kunst, 23. Jg., Nr. 10, 15. Mai 1873, S. 116f. – Kranzbühler 1905, S. 20.

1744, als die Wormser Johanneskirche noch existierte, schrieb der *Rheinische Antiquarius*, dass die Johanneskirche *„eine Nachahmung der heiligen Grabeskirche zu Jerusalem, im gelobten Lande sein soll"*.[27] Folgt man dieser späten Quelle, so wäre in der Architektur der Wormser Johanneskirche auch die Idee der Jerusalemer Grabeskirche aufgegriffen, die als Votivbau an das Grab Christi in Jerusalem erinnert, über dem eine Rotunde errichtet ist. Beispiele für Zentralbauten als Grabkapellen sind aus frühmittelalterlicher Zeit, z. B. mit dem westlich der ehem. Benediktinerabteikirche St. Pantaleon in Köln errichteten Bau oder der St. Michaelskirche auf dem Friedhof der ehemaligen Abtei in Fulda, bekannt.[28] Nach der Zerstörung der Grabeskirche in Jerusalem 1009 wurden in Europa vermehrt Nachbauten des Heiligen Grabes errichtet, um all denen eine Pilgermöglichkeit zu geben, die die Reise nach Jerusalem nicht auf sich nehmen konnten. Dass Bauideen aus Jerusalem auch in Worms umgesetzt wurden, zeigen die beiden vor 1195 errichteten Westtürme der Klosterkirche St. Paul, die im byzantinischen Stil der Jerusalemer Grabeskirche gebaut sind. [29]

DER BAUSCHMUCK

Vermutlich war die Wormser Johanneskirche vollständig aus sehr qualitätvollen und wertvollen Werksteinen errichtet worden. Eine Reisebeschreibung des Jahres 1687 berichtet: *„Die Johanneskirche ist [...] aus gewaltigen Quadersteinen gebaut. Ihre Gestalt ist ganz unregelmäßig. Die Mauern sind über 12 Fuß dick, die Fenster schmal, und ein Gang führt außen herum, gerade unter dem Rand des Daches."*[30] Eine weitere Quelle von 1744 schreibt ebenfalls, dass die Kirche *„aus lauter grossen Quadersteinen erbauet ist und mehr dann zwölf Schuh dicke Mauern und sehr schmale Fenster*

27 Dielhelm 1744, S. 491f. – Kranzbühler 1905, S. 16. – Untermann 1998, S. 264, S. 55–58, 60. – Böcher 2010, S. 60f.

28 St. Michael in Fulda gilt als der älteste Nachbau der Grabeskirche in Deutschland. Sie wurde 820/22 unter Abt Eigil auf dem Friedhof, nordwestlich der Abteikirche errichtet. Der Bauherr wurde in der Krypta des zweigeschossigen Rundbaus mit Umgang und Apsis bestattet.

29 S. den Artikel „Pauluskirche (Worms)" in Wikipedia, URL: http://de.wikipedia.org/wiki/Pauluskirche_%28Worms%29 (Zugriff am 27. Dezember 2013).

30 Martin 2002, S. 57.

hat". Und weiter *„Sie besteht aus drei besonderen Tempeln, davon einer unter der Erde steht, in den anderen, so derzeiten gebraucht wird, geht man von der Erde geraden Fußes hinein, der dritte aber ist oben auf ein besonderes Gebäude, so mitten auf dem Dach des anderen steht und eine artige Baukunst von vielen Säulen und Gängen von außen herum aufweiset."*[31]

Fritz Arens und Otto Böcher konnten 1961 mehr als 80 bildhauerisch gestaltete Baufragmente der abgerissenen Kirche zuordnen, die sich heute in öffentlichen Sammlungen befinden, 19 davon mit Bestiengestalt.[32] Auffällig ist, dass die meisten Steine Löwen oder löwenähnliche Tiere zeigen. Unter den figürlichen Bauteilen sind Säulenfüße, Kapitelle, Kämpfersteine und Konsolen. Trotz fehlender historischer Dokumentation der Bauskulptur können einzelne Werksteine aufgrund ihrer Beschaffenheit und Gestalt bestimmten Positionen am Bau zugeordnet werden: Die Ostseite ist an vielen Kirchen und Kathedralen - so auch am Wormser Dom - der Ort, an dem Bestiarien angebracht sind, weil es hier, im Bereich des Chores, Böses abzuwehren galt. So waren es wohl auch die Zwerggalerien an der Ostseite der Johanneskirche, an denen Löwen und Sphingen ihren Platz hatten. 1864 schrieb Wilhelm Lotz, der sich im Wesentlichen auf Johann Friedrich Schannat bezog, dass von der Zwerggalerie der Johanneskirche vier Säulen erhalten seien, die auf Löwen ruhen, von denen einer eine menschliche Gestalt im Rachen hält - dabei dürfte es sich um die hier vorgestellte Bauskulptur des Mainzer Dom- und Diözesanmuseums (s. Katalog S. 46f.) handeln.[33] In Größe und Format passen auch der Löwe mit heraushängender Zunge (s. Katalog S. 42f.) und die männliche Sphinx (s. Katalog S. 40f.) dazu. Der Säulenfuß mit Löwe des Museums der Stadt Worms *(Abb. 10)* und die Säulenfüße mit Löwe und Sphinx des Liebieghauses *(Inv. Nr. 1024 und 1025, Abb. 11 und 12)* gehörten dementsprechend wohl ebenfalls in den Bereich der Zwerggalerien. Dass es sich um Säulen-

31 Dielhelm 1744, S. 491 f. – Kranzbühler 1905, S. 16.
32 Arens/Böcher 1961/62, S. 85–107.
33 Kranzbühler 1905, S. 20.

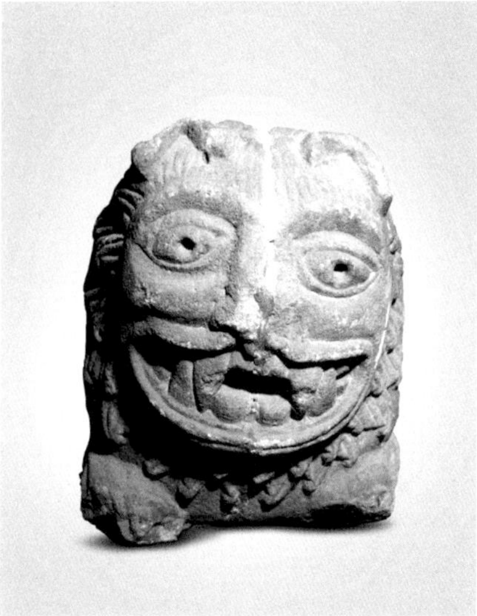

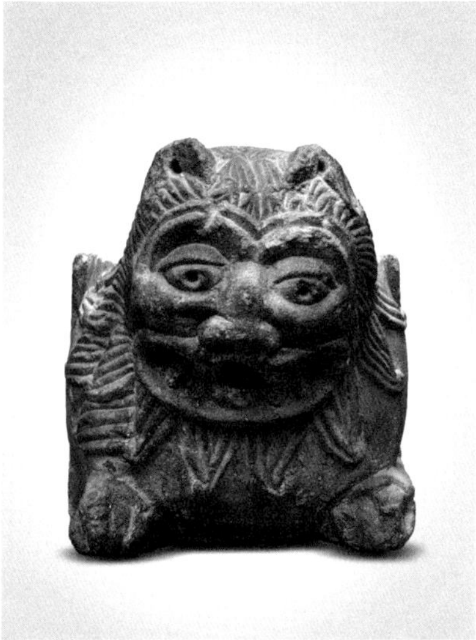

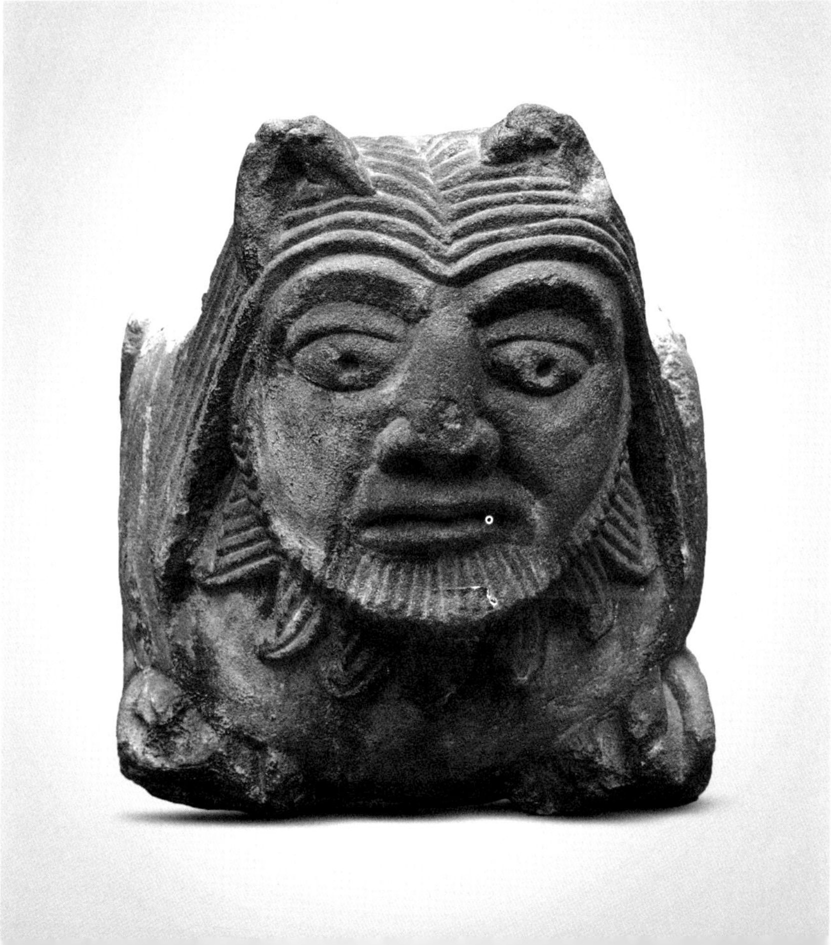

Abb. 10 ◀◀ Säulenfuß mit Löwe, Museum der Stadt Worms im Andreasstift

Abb. 11 ◀
Abb. 12 ▼ Säulenfüße mit Löwe und Sphinx der Wormser Johanneskirche, gelblicher Sandstein, Spuren farbiger Fassung sind erhalten, Liebieghaus Skulpturensammlung, Frankfurt am Main

füße handelt, zeigt die runde Aussparung im Rückenbereich der Bestien und das dortige Dübelloch. Bei dem Löwen mit heraushängender Zunge (s. Katalog S. 42f.) ist sogar noch ein alter Eisendübel vorhanden. Der Stein mit dem Kopf einer Löwin (s. Katalog S. 46f.) des Dom- und Diözesanmuseums Mainz ist als Kapitell einer Säule der Zwerggalerie vorstellbar.

Mit einer Höhe von ca. 170 cm zeugen die erhaltenen Säulen aus Basis, Schaft und ornamental gestaltetem Kapitell der Zwerggalerie, die heute in den Ausstellungsräumen im Museum der Stadt Worms im Andreasstift und im ehemaligen Lapidarium des Kurpfälzischen Museums Heidelberg verbaut sind, von der monumentalen Größe der Johanneskirche.

Figürlich geschmückte Bauzier ist weiterhin an den Portalen zu erwarten, die stets zu den aussagereichen und deshalb besonders dekorierten Bereichen einer Architektur zählten. Otto Böcher vermutet aufgrund der von Eugen Kranzbühler publizierten Zeichnungen, dass das romanische Südportal Kämpfersteine mit Fuß- und Deckplatte hatte, die in der Art elsässisch-wormsischer Polsterkapitelle behauen waren. Hier wären dann links der Stein mit weiblicher Sphinx (s. Katalog S. 38f.) und rechts der Stein mit nach links gewandtem Löwen (s. Katalog S. 36f.) des Mainzer Dommuseums sowie der nach links gewandte Löwenstein *(Abb. 13)* im Wormser Andreasstift unterzubringen.[34] Sie sind im Format kleiner als die Säulenfüße und -köpfe und waren mittels einer Verzapfung im Mauerwerk verankert.

Wohl für die Hauptkirche sind die beiden großen, eng verwandten Kapitelle in Anspruch zu nehmen, die heute im Mainzer Dom- und Diözesanmuseum (s. Katalog S. 48f.) und im Landesmuseum Mainz *(Inv. Nr. Pl 539, Abb. 14)* bewahrt werden.[35] Der zweizonige Aufbau mit zwei Blatt-

34 Arens/Böcher 1961/62, S. 94.
35 Das Kapitell des Landesmuseums Mainz ist aus rotem Sandstein gearbeitet und hat die Maße H. 38 cm, B. 55,5 cm, T. 44 cm; vgl. Arens 1997, S. 153.

kränzen, der untere mit großen fleischigen Blättern, der obere mit Mittelpalmette, charakterisiert den Kapitelltyp, der auch für die kleineren Galeriekapitelle der Johanneskirche verwandt wurde.[36] Es ist im Dekor eine Form, die vergleichbar an den Vierungspfeilern und den östlichen Ansätzen der Seitenschiffe sowie in der Andreaskapelle im Straßburger Münster (um 1190), aber auch im Kreuzgang des Wormser Andreasstiftes vorkommt. Rudolf Kautzsch, der 1944 die Ähnlichkeit mit denen an der westlichen Galerie des Wormser Doms und an der Johanneskirche feststellte, nannte sie „Straßburger Kapitelle". Dieser Benennung schlossen sich 1961/62 Fritz Arens und Otto Böcher an. Walter Hotz nannte die Kapitellgruppe dagegen „Wormser Kapitelle", da sie seiner Meinung nach zuerst in Worms geschaffen wurden.[37] Da weder die Rekonstruktionszeichnungen noch die vor dem Abriss entstandenen Ansichten der Johanneskirche so detailliert sind, dass man einzelne Schmucksteine erkennen kann, bleibt die Zuweisung der erhaltenen Werksteine hypothetisch.

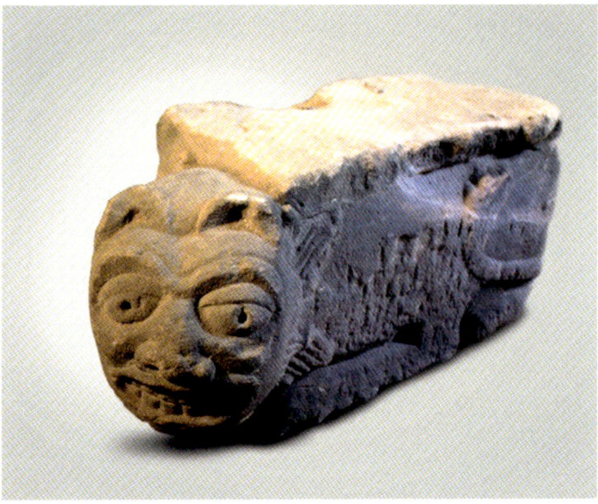

Abb. 13 ▲
Kämpferstein (?) mit nach links gewandtem Löwen, Museum der Stadt Worms im Andreasstift

Bei Untersuchungen wurden an einigen Baufragmenten der Wormser Johanneskirche Farbfassungen festgestellt. So weist der Säulenfuß mit Löwe *(Inv. Nr. 1024, Abb. 11)* des Liebieghauses in Frankfurt ockergelbe Farbreste auf weißer Grundierung im Brustbereich bis hin zum Oberkörper auf, die sich zur Mähne hin abgrenzen. Partikel einer tiefroten Farb-

36 Hier befinden sich oft Helices über dem unteren Blattkranz. Beispiele sind im Museum der Stadt Worms im Andreasstift sowie im Kurpfälzischen Museum Heidelberg erhalten.

37 Kautzsch 1944, S. 296. – Arens/Böcher 1961/62, S. 92, 103. – Hotz 1985, S. 142–145.

schicht sind am rechten Augenlid zu finden, und auf der Zunge ist wohl eine verschwärzte farbähnliche Schicht erkennbar. Auch der Säulenfuß mit Sphinx *(Inv. Nr. 1025, Abb. 12)* des Liebieghauses zeigt auf dem Tierkörper Reste einer ockergelben Farbschicht, rot in der Mähne und weiße Farbpartikel am Auge. Rote Farbreste sind an dem Kapitell des Landesmuseums Mainz festgestellt worden. Die Farbreste lassen sich technisch nicht zeitlich einordnen, jedoch legt die Geschichte der Steine nahe, dass sie aus mittelalterlicher Zeit stammen.[38] Auch an der Bauplastik des Wormser Domostchores wurden Spuren alter Farbfassung festgestellt, die auf eine lebendige Gestaltung der Figuren schließen lassen. So fand man verschiedene Farbreste an der Baumeistersäule wie Braun am Fell des Affen, weiß unterlegte Augen mit abgesetzten Pupillen und geometrische Farbmuster an der Säule, aber auch Braun am Fell eines Löwen und Blau an seinem Auge.[39] Somit waren Dom und Johanneskirche in ausgewiesenen Bereichen, wie den Portalen und den Zwerggalerien, so farbenfroh und prächtig, wie man es etwa bei der nach 1220 errichteten Kathedrale von Amiens nachgewiesen hat.[40]

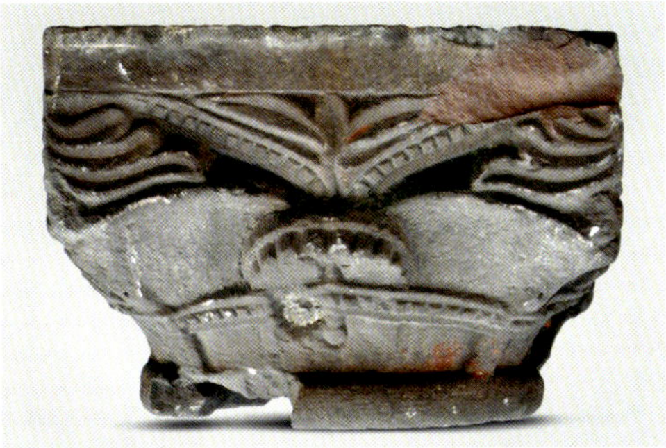

Abb. 14 ▲
Das große, sog. Straßburger oder Wormser Kapitell war vermutlich einst in der Hauptkirche von St. Johannes in Worms verbaut. An dem Stein sind rote Fassungsspuren nachweisbar. GDKE - Landesmuseum Mainz, Inv. Nr. Pl 539.

38 Für die eigens durchgeführten Untersuchungen zur Farbfassung an den Wormser Baufragmenten sei den Restauratoren des Liebieghauses, Harald Theiss, und des Landesmuseums Mainz, Markus Leicht, recht herzlich gedankt.

39 Hamm 2013, S. 70.

40 Die Portale der Westfassade der Kathedrale von Amiens, zwischen 1220 und 1240 errichtet, werden regelmäßig durch eine Laserillumination in den für die Skulpturen nachgewiesenen Farben angestrahlt. Für den Hinweis darauf sei Harald Theiss gedankt.

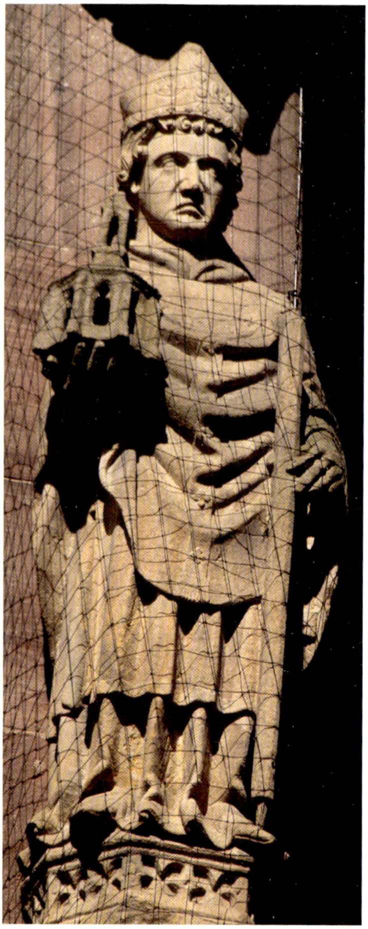

Abb. 15 ◄
Hl. Bischof mit Kirchenmodell, Sandstein, um 1300. Am Außenbau der Nikolauskapelle, vor dem Südportal des Wormser Doms

DATIERUNG DER JOHANNESKIRCHE UND IHRER BAUPLASTIK

Urkunden zum Bau oder zur Weihe der Johanneskirche sind nicht bekannt. Ihre erstmalige Nennung in den Quellen erfolgte 1200, als ein *Heinricus Plebanus sancti johannes* (= Pfarrer von St. Johannes) als Zeuge aufgeführt wird. In seiner ausführlichen Vorstellung der Quellen zur Johanneskirche nennt Eugen Kranzbühler 1905 Notizen, nach denen bereits unter Bischof Burchard zu Beginn des 11. Jahrhunderts mit dem Dombau auch ein Baptisterium errichtet und unter Bischof Ebbo 1110 vollendet worden sei. Ob mit dem Baptisterium ein Vorgängerbau oder in Teilbereichen die hier besprochene Johanneskirche gemeint war, ist nicht klar.[41] In diesem Zusammenhang ist die gotische Skulptur eines Bischofs mit Kirchenmodell in seiner rechten Hand interessant, die sich neben dem Südportal des Doms, an der Außenseite der Nikolauskapelle befindet *(Abb. 15)*. Das Kirchenmodell, ein Zentralbau mit erhöhtem Mittelbau, ist Attribut des heiligen Bischofs und deutet darauf hin, dass er eine entsprechende Stiftung vorgenommen hat. Die Kirche ist als Oktogon mit hohen, spitzbogigen Fenstern dargestellt. Es ist nicht bekannt, welcher

41 Arens/Böcher 1961/62, S. 86. – Kranzbühler 1905, S. 34.

Bischof dargestellt ist, und ob das Kirchenmodell möglicherweise eine reduzierte Form der Johanneskirche sein sollte.[42] Die hll. Bischöfe Nikolaus, Amandus und Rupert, die in Frage kämen, werden mit anderen Attributen dargestellt. Könnte dem sehr verehrten Bischof Burchard eine Ehrung gleich einem Heiligen zuteil gekommen sein?

Da die Johanneskirche durch ihre Lage und Gestalt aufs engste mit dem Dom verbunden ist (s. Abb. 2), kann, neben stilkritischen Überlegungen, auch die Bauabfolge des Doms Aufschluss über die Entstehungsgeschichte der Johanneskirche geben. Durch die 1984 publizierten Untersuchungen Dethard von Winterfelds, welcher auch die dendrochronologischen Analysen an verschiedenen Gerüsthölzern im Bereich der Gewölbe des Dom-Ostchores und Querschiffs angeregte, werden in der Forschung drei große Bauphasen für den Dom angenommen: Danach sollen zwischen 1130 und 1144 die Ostteile, der Chor, das Querhaus, der Vierungsturm, der Ansatz des Langhauses sowie die den Chor flankierenden Rundtürme bis zum vorletzten Geschoss gebaut worden sein. Ein zweiter Bauabschnitt sei zwischen 1160 und 1170 festzustellen, bei dem das Langhaus nach Westen weitergebaut wurde. Zwischen 1171 und 1181 wären im dritten Bauabschnitt unter Bischof Konrad II. (reg. 1171–1192) die Westapsis und der westliche Altarraum mit dem westlichen Kuppelturm und den Obergeschossen aller Türme errichtet worden. Die Weihe des Altars im Westchor 1181 wäre demnach das Abschlussdatum für den Bau der heutigen Kathedrale unter Kaiser Friedrich I. Barbarossa (um 1122–1190).[43] Walter Hotz sieht aufgrund der von Eugen Kranzbühler 1905 publizierten Zeichnungen eine Entstehung der Johanneskirche in

42 Kranzbühler 1905, S. 34f.

43 Bei Renovierungsarbeiten am Wormser Dom wurden zwischen 1977 und 1981 Gerüsthölzer gefunden, die mithilfe moderner naturwissenschaftlicher Untersuchungsmethoden eine genaue Datierung zulassen. Die Gewölbezone des Querhauses entstand um 1132/1137, der Langhausobergaden um 1161/1163. Winterfeld 1984. – Winterfeld 2001, S. 74. – Spille 1992, S. 48f. – Gassen 2007, S. 162. – Mertens 1995, S. 185. – Kirche auf dem Weg 1992, S. 13. – Untermann 2010, S. 207f. Gassen 2007, S. 162 schreibt ohne Nennung von Quellen oder Stilvergleichen, die Johanneskirche sei 1058 geweiht und zwischen 1170 und 1190 erneuert worden.

zwei zeitlichen Abschnitten, die teilweise parallel mit den Bauarbeiten am Dom liefen.[44] Die Wände des Umgangs fallen nach seiner stilkritischen Beobachtung in die Zeit der späten 1160er Jahre bis um 1175 und damit mit der Beendigung des Wormser Domlanghauses zusammen. Die Arbeiten am Mittelbau der Johanneskirche, mit den Zwerggalerien und dem steinernen Helm, wurden wohl etwa zehn Jahre später, nach Vollendung des Doms, wieder aufgenommen und zwar von dem gleichen Meister, der auch an der Westkuppel des Wormser Doms federführend arbeitete. Die Kapitellform im Inneren der St. Johannes-Hauptkirche stimmt nach Hotz mit Kapitellen am Wormser Domwestchor überein. Weiterhin sind die Wandblenden, Schildbögen und Fenster, die in die obere Zwerggalerie führten, mit denen in der Westkuppel des Doms vergleichbar. Eine konstruktive Vergleichbarkeit des Straßburger Chorhauptes, der Wormser Johanneskirche und des Doms, wie auch eine eng vergleichbare Kapitellform, lässt Walter Hotz vermuten, dass hier der gleiche Meister tätig war.[45]

Das Kordelmotiv am Maul und am Schwanz einiger Löwen ist bei der Bauskulptur der Johanneskirche wie auch am Ostchor und am späteren Westchor des Wormser Doms zu sehen *(Abb. 16)*. Auch die Löwen am Ostchor des Mainzer Doms besitzen dieses Motiv. Die Löwen weisen wiederum Ähnlichkeit zur Bauplastik der Lombardei der ersten Hälfte des 12. Jahrhunderts auf, was Einflüsse aus Italien deutlich macht.
Aquilante De Filippo stellte verwandte Bildmotive mit der im ersten Drittel des 12. Jahrhunderts in Pavia entstandenen Kathedralplastik fest *(Abb. 17)*.[46] Die Löwen in Pavia und Worms haben eine vergleichbar runde Kopfgestalt mit breiter, kurzer Nase, kräftigem Augenwulst und großen Augen sowie eine ähnliche Maulform mit kurzen Schneidezähnen und langen Eckzähnen.

44 Hotz 1981. – Hotz 1985.
45 Kautzsch 1944, S. 296. – Hotz bezeichnet die Kapitellform als „Wormser Kapitell“; s. Hotz 1981, S. 107–111, Hotz 1985, S. 141–145.
46 De Filippo 2010, S. 157.

Trotz bestimmter Berührungspunkte zu den genannten Bauskulpturen ist die figürliche Plastik der Wormser Johanneskirche so individuell in ihrer Gestaltung, dass sie nur schwer zur näheren Datierung des Baus herangezogen werden kann.

Hingegen ermöglichen die historischen Ansichten der Johanneskirche, obgleich sie gewisse Unzulänglichkeiten haben, eine zeitliche Einordnung des Kirchengebäudes. So gehören die Umrahmung der inneren Fensterlaibung mit Säulchen und das Profil der Gewölberippen zum jüngsten Formenrepertoire der Johanneskirche und setzen die Kenntnis französischer Baukunst des letzten Viertels des 12. Jahrhunderts voraus. Dies ließen Fritz Arens und Otto Böcher eine zeitgleiche Entstehung der Johanneskirche mit dem Bau des Westchores des Wormser

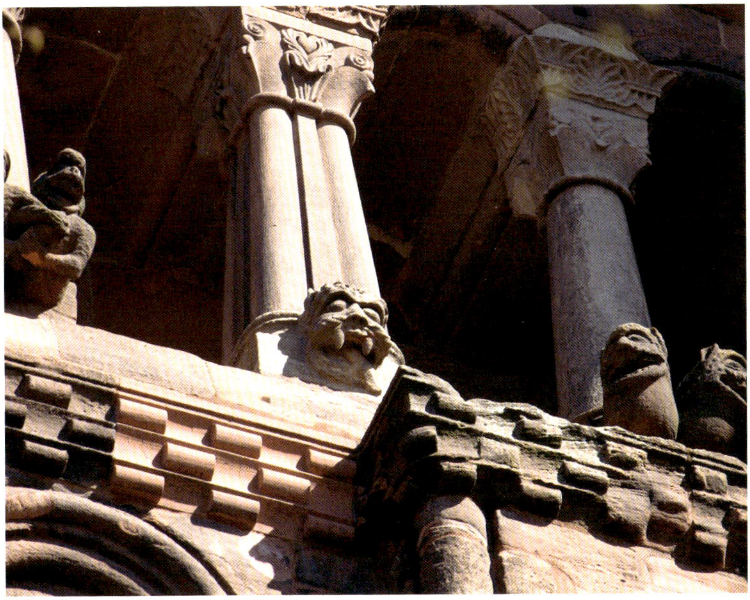

Abb. 16 ▲
Löwe mit Kordelbandmaul an der Galerie des Westchors des Wormser Doms. Hier sind auch Säulen mit Kapitellen des Straßburger bzw. Wormser Typs zu sehen

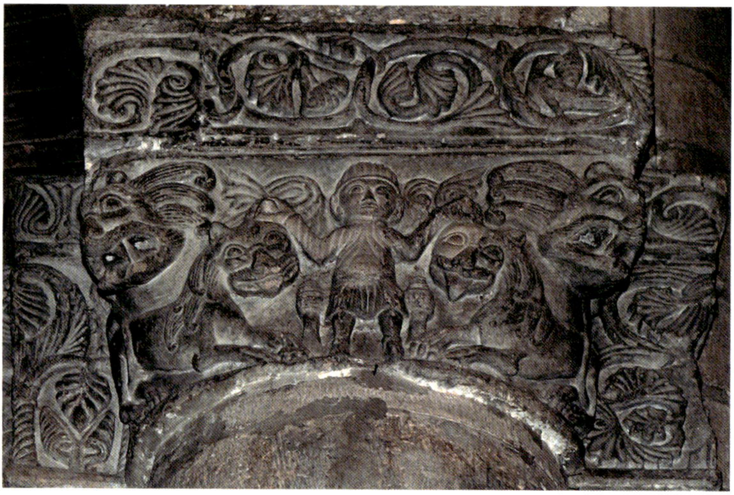

Abb. 17 ▲
Kapitell mit Löwendarstellung, 1. Drittel 12. Jahrhundert, Pavia, S. Michele, Langhaus Nordseite

Doms St. Peter vermuten *(Abb. 18)*. Die schon beschriebenen Gemeinsamkeiten mit der Bauplastik unterstützen die Datierung, der sich die spätere Forschung angeschlossen hat.[47]

Aufschlussreich ist eine Gegenüberstellung der Wormser Johanneskirche mit der nachweislich 1219 bis 1227 erneuerten Stiftskirche St. Gereon in Köln, ebenfalls ein Dekagon *(Abb. 19)*. St. Gereon, ein Bau im Übergangsstil zu der für die Zeit modernen Skelett- bzw. Rippenbauweise der französischen Gotik, zeigt an seinem Dekagon mit Strebepfeilern und Strebebögen, Gruppenfenstern im Obergaden und Knospenblattkapitellen die aktuellen Bauformen der Île-de-France.[48] Die Wormser Johanneskirche mutet älter an, da vor allem am Außenbau Rundbogenfenster, Lisenen, Rundbogenfriese und Zwerggalerien zum romanischen

47 Arens/Böcher 1961/62, S. 88. – Kosch 2011, S. 44.
48 Schäfke 1993, S. 21f.

Abb. 18 ►
Worms, Dom, Westchor und Vierung

Abb. 19 ▼
Köln, St. Gereon, Innenansicht

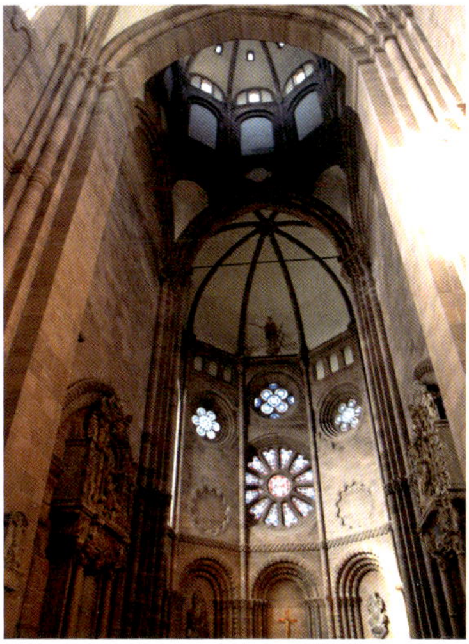

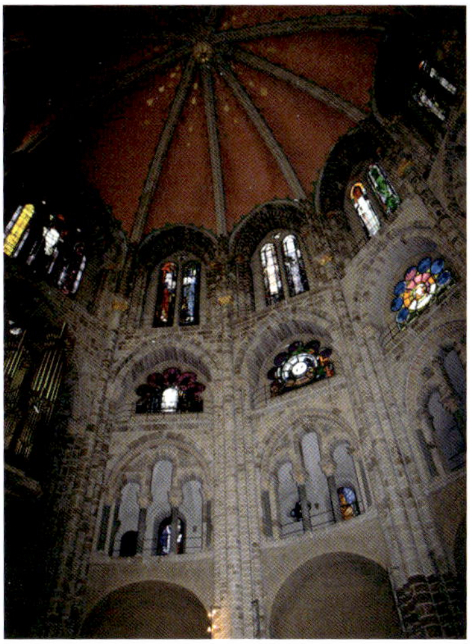

Formenrepertoire gehören. Im Inneren des Wormser Zentralbaus überraschen jedoch gotische Formen, denn hier sind spitzbogige Arkaden und Obergadenfenster sowie gotische Gewölberippen. Unter den zahlreichen Kapitellformen finden sich modernste Knospenblattkapitelle,[49] aber auch die ausdruckstarken Bestiensteine, hier besonders die Sphingen, sprechen für eine Entstehung am Übergang von der Romanik zur Gotik. Diese jüngsten Bauformen der Johanneskirche verweisen auf eine Entstehung der Hauptkirche wohl etwas früher als St. Gereon. Damit wird deutlich, dass in Worms eine sehr frühe Gotikrezeption stattfand.[50]

49 Beispiele für Knospenblattkapitelle haben sich im Museum der Stadt Worms im Andreasstift erhalten, Arens/Böcher 1961/62, S. 89, W 15, W 17, W 19.

50 Alle Indizien verdeutlichen, dass die Johanneskirche wahrscheinlich nach Abschluss der Bauarbeiten am Dom in der Zeit um 1180 begonnen und vielleicht bis 1220 fertiggestellt wurde. Da keine Quellen zum Bau oder zur Weihe von Altären bekannt sind, alle detaillierteren Zeichnungen zur Wormser Johanneskirche wohl nach ihrem Abriss gefertigt wurden und die verschiedenen Darstellungen voneinander abweichen, kann die genaue Bauabfolge der Johanneskirche nicht mehr bestimmt werden. Ihre erhaltene Bauskulptur zeugt jedoch von einem ambitionierten Bauherrn und einer künstlerisch wie technisch innovativen und leistungsstarken Bauhütte. – Zur Analyse der romanischen und gotischen Bauformen der Wormser Johanneskirche mit ihrer konstruktiven Wirkung und die Bedeutung für die Bauabfolge s. auch bei Biehn 1933, S. 55–59, besonders 57f.

LÖWE UND SPHINX: TIERE UND FABELWESEN IM CHRISTLICHEN LEHRGEBÄUDE

Bibelexegese, Psalterien sowie tierallegorische Schriften wie der wohl im späten 2. Jahrhundert n. Chr. von einem anonymen Autor in griechischer Sprache verfasste Physiologus gaben schon in frühchristlicher Zeit die Grundlage für die Verbindung von Tiergestalten, später auch Fabelwesen, mit den heilsgeschichtlichen Wahrheiten. Während durch die den Tieren zugeschriebenen Eigenschaften in besonderem Maß menschliche oder göttliche Wesenszüge bildhaft gemacht wurden, dienten Fabeltiere als Symbol dämonischer Mächte. Bereits in vorchristlicher Zeit wurden durch Tierdarstellungen Paradies, Unsterblichkeit und Erlösung, aber auch das Verhältnis zu Gut und Böse veranschaulicht.[51] Die Funktion der Bestiarienskulptur an den Säulen und Basen der Zwerggalerie könnte ihre theologische Erklärung in der geheimen Offenbarung des Johannes finden. Die Zwerggalerie beinhaltet dabei unzählige, stets offene Tore, die in das himmlische Jerusalem führen. Dämonen und wilde Tiere verhindern, dass teuflische Mächte Zutritt durch diese offenen Tore erhalten *(Abb. 20)*.[52]

Die auf Grundlage antiker Texte entstandene Naturlehre des Physiologus zählt zu den am weitesten verbreiteten mittelalterlichen Schriften in Europa und wurde bis ins hohe Mittelalter tradiert und ergänzt. Die beliebte volkstümliche Schrift ist ein wichtiges Zeugnis frühchristlich-mittelalterlicher Spiritualität und Naturwahrnehmung. In seiner ältesten Form besteht der Physiologus aus 48 Kapiteln, in denen Tiere, Pflanzen und Mineralien vorgestellt und in Verbindung zu Bibelstellen gebracht werden, denn durch die Natur spricht Gott zu den Menschen. Fauna und Flora geben spirituelle Hinweise auf Christus, die Kirche und die Gläubigen, aber auch auf den Teufel. Im 10. Jahrhundert entwickelten sich die sogenannten Bestiarien aus dem Physiologus heraus. Dabei handelt es sich um Kompilationen von Tiergeschichten, die zumeist wilde Tiere behandeln, was den Namen der Schriften erklärt.[53]

51 LCI Bd. 4, Sp. 315–317.
52 Böcher 2010, S. 67, 112 (Offb 7,4–8 und 21,27).
53 LdM Bd. 6, Sp. 2117–2122. – LdM Bd. 1, Sp. 203.

LÖWE

Der in Afrika und Vorderasien beheimatete Löwe spielte schon in der orientalisch-ägyptischen sowie später in der griechischen Religion und Kunst eine besondere Rolle als eine den Göttern nahestehende, mächtige und dämonische Kraft. Dem Löwen wurden Kraft, Mut aber auch Raubgier als Eigenschaften zugesprochen. Als von anderen Tieren unbesiegbares Geschöpf der Tierwelt galt der Löwe gleichzeitig auch als Sinnbild königlicher Macht. Indem man Götter- und Königsthrone mit dem Kopf oder den Tatzen von Löwen schmückte, dokumentierte man die Überwindung des Dämonischen. Löwen an Heiligtümern, Nekropolen, Kirchen oder Burg- und Stadttoren symbolisierten in ihrer abwehrenden Gestalt die Unnahbarkeit bzw. Uneinnehmbarkeit des Ortes.[54] Der Löwe hat aufgrund seiner imposanten Erscheinung, Kraft und Unbesiegbarkeit die Menschen vieler Kulturen beeindruckt und fand Eingang in ihre Religion und Kunst. So ist der Löwe als Symbol auch in der christlichen Kunst von besonderer Bedeutung. Das exotische, in Europa nicht beheimatete Tier, fand vielfältige Darstellung in allen Kunstgattungen des Abendlandes.[55]

Im frühen Mittelalter oft als dämonische Macht aufgefasst, erhält er häufig eine dienende Funktion als Teil der Architektur in Sockelzonen, an

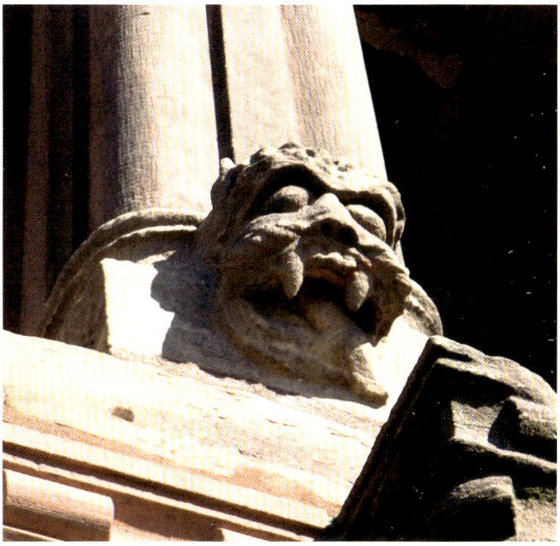

Abb. 20 ▶
Detail aus Abb. 16: Löwe an der Galerie des Westchors des Wormser Doms

54 LdAW Bd. 2, Sp. 1757f.
55 LCI Bd. 3, Sp. 112–119.

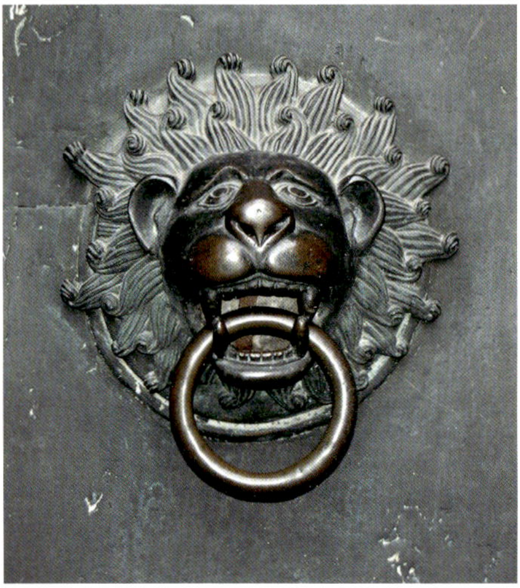

Abb. 21 ◄
Löwenkopf an der Bronzetür des Marktportals des Mainzer Doms, um 1000

Gesimsen oder Kapitellen, aber auch als Türzieher an Portalen *(Abb. 21)* und in spätmittelalterlicher Zeit als Träger von Taufbecken (Taufbecken aus St. Johannes in Worms, heute im Wormser Dom, um 1480/90). Der Löwe kann aber auch Christus als Erlöser von Sünde und Tod repräsentieren, so in Darstellungen der Offenbarung: *„Da sagte einer von den Ältesten zu mir: Weine nicht! Gesiegt hat der Löwe aus dem Stamm Juda, der Sproß aus der Wurzel Davids; er kann das Buch und seine sieben Siegel öffnen“* (Offb 5,5). Darüber hinaus beschreibt der Physiologus, wie der Löwe durch Anhauchen seine Jungen zum Leben erweckt; dies wird ebenfalls auf Christus, der die Toten erweckt, bezogen.[56]

SPHINX

Mit der Sphinx, einem Mischwesen aus Löwenkörper und Menschenkopf, stellten die Ägypter die physische und psychische Kraft des Königs, aber auch von Gottheiten dar. Durch die Kombination von Körperteilen unterschiedlicher Lebewesen wurden die mit diesen verbundenen Eigenschaften, Funktionen und Bedeutungen in einem Wesen vereint und steigerten so dessen überlegene, übernatürliche

56 „Die dritte Eigenschaft des Löwen: Wenn die Löwin das Junge gebiert, gebiert sie es tot. Die Löwin aber behütet ihr Kind, bis sein Vater am dritten Tag kommt, in sein Gesicht bläst und es erweckt. So erweckt auch der Gott und Vater des Alls den Erstgeborenen vor allen Kreaturen, unsern Herrn Jesus Christus, seinen Sohn, von den Toten. Schön nun sprach Jakob: ‚Wie ein Junges, wer wird es erwecken?‘“; zitiert nach Peters 2013, S. 8.

Macht. Die Sphinx als Liegefigur galt ebenso als Wächter des Tempels. Die zunächst männliche Figur wurde in der Kunst Syriens auch als weibliche Figur dargestellt, die als Schutzmacht galt. In der griechischen Mythologie ist die Sphinx ein weibliches geflügeltes Wesen.[57]

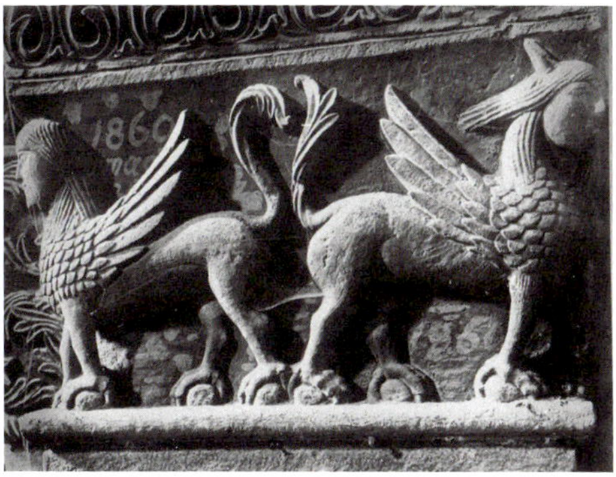

Abb. 22 ▲
Kämpferstein mit zwei geflügelten Sphingen, 1. Hälfte 12. Jahrhundert (?), Parma, Duomo S. Maria Assunta, Baubeginn ab 1074, Foto Marburg, Aufnahme Nr. 1.168.177

Die geflügelte Sphinx hat in der christlichen Ikonographie im weitesten Sinne eine Entsprechung im Kerub (Cherubim) gefunden, der besonders im Alten, aber auch im Neuen Testament genannt wird und eine Wächterfunktion ausübt. Seraphim und Cherubim gehören zu den obersten der neun Engelhierarchien, die den Platz neben Gottes Thron einnehmen und mit sechs bzw. vier Flügeln ausgestattet sind.[58] Im Gegensatz zum Löwen fand die Sphinx deutlich weniger Darstellung in der abendländischen Kunst des Mittelalters. Sie erscheint vereinzelt in der Buchmalerei des 11. Jahrhunderts,[59] aber auch in der Skulptur des 12. und 13. Jahrhunderts, so auf einem Kämpferstein des Domes zu Parma *(Abb. 22)* oder auf einem im 12. Jahrhundert entstandenen Kapitell im Museum von Arles, bei dem die Sphinx altägyptischen Darstellungen nahekommt. Das Verbreitungsgebiet der Sphinx in der Bauplastik scheint in romanischer Zeit haupt-

57 LdAW Bd. 3, Sp. 2858. – LdM Bd. 7, Sp. 2099f.

58 1. Buch der Könige, Der Prophet Hesekiel (Ezechiel), 2. Buch Mose (Exodus), Brief an die Hebräer; vgl. den Artikel „Keruben / Kerubenthroner" im wissenschaftlichen Bibellexikon im Internet (WiBiLex), URL: http://www.bibelwissenschaft.de/wibilex/das-bibellexikon/lexikon/sachwort/anzeigen/details/keruben-kerubenthroner-3/ch/4b7f1d9f930ed7c51d9f4893a5aad7e0/ (Zugriff am 25. August 2014). – LdM Bd. 3, Sp. 1912.

59 Beatus-Apokalypse, datiert 1047, Biblioteca Nacional de España Madrid, B. 31, fol. 107; vgl. LCI Bd. 4, Sp. 187f.

sächlich in Italien[60] und Frankreich[61] zu liegen. Für Deutschland konnte das Bildmotiv der ungeflügelten Sphinx im Mittelalter bisher nur in der Bauplastik der Wormser Johanneskirche nachgewiesen werden. Als Vorlage könnten insbesondere Handschriften des 11. und 12. Jahrhunderts gedient haben, die in den Klöstern der Reformorden entstanden sind. Diese romanischen Handschriften sind oft durch figürlich gestaltete Initialen ausgezeichnet, die unabhängig vom illustrierten Text mit Fabelwesen, Chimären, zoomorphen Gestalten oder auch Alltagsszenen bevölkert sind.[62]

60 Parma, S. Maria Assunta, Kämpferstein, nach 1049, Foto Marburg Neg. Nr. 1.168.177; Bisceglie, Duomo S. S. Pietro e Paolo, Protome, 1073, Foto Marburg U.Pl.D 54898; Ferentino, Duomo S. Giovanni e Paolo, 1101/1200; Rom, S. Giovanni in Laterano, 13. Jahrhundert, Foto Marburg LA 4644/36.

61 Châlons-sur Marne, Notre-Dame-en-Vaux, Kapitell, 1151/1175 im Musée National du Louvre, Inv. Nr. 86, Foto Marburg Aufnahme Nr. 48.733; Le Mans Saint-Julien-du-Pré, Kapitell, 12. Jahrhundert, Foto Marburg Aufnahme Nr. 47.490.

62 Hier sei besonders auf die frühe Buchproduktion der Zisterzienser verwiesen, die in der ersten Hälfte des 12. Jahrhunderts reich und phantasievoll illustriert war, vgl. hierzu Kat. Mainz 1998, passim.

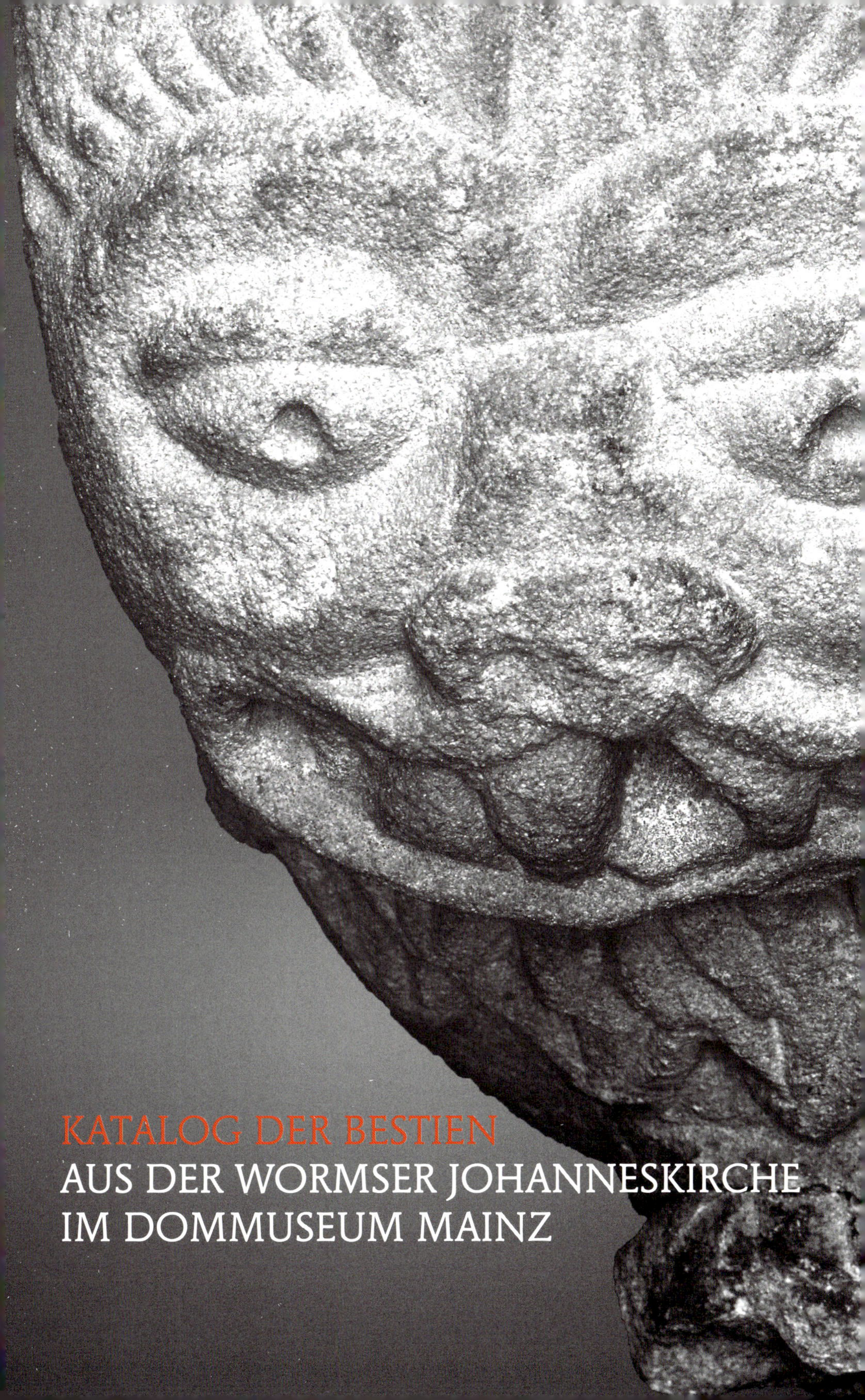

KATALOG DER BESTIEN
AUS DER WORMSER JOHANNESKIRCHE IM DOMMUSEUM MAINZ

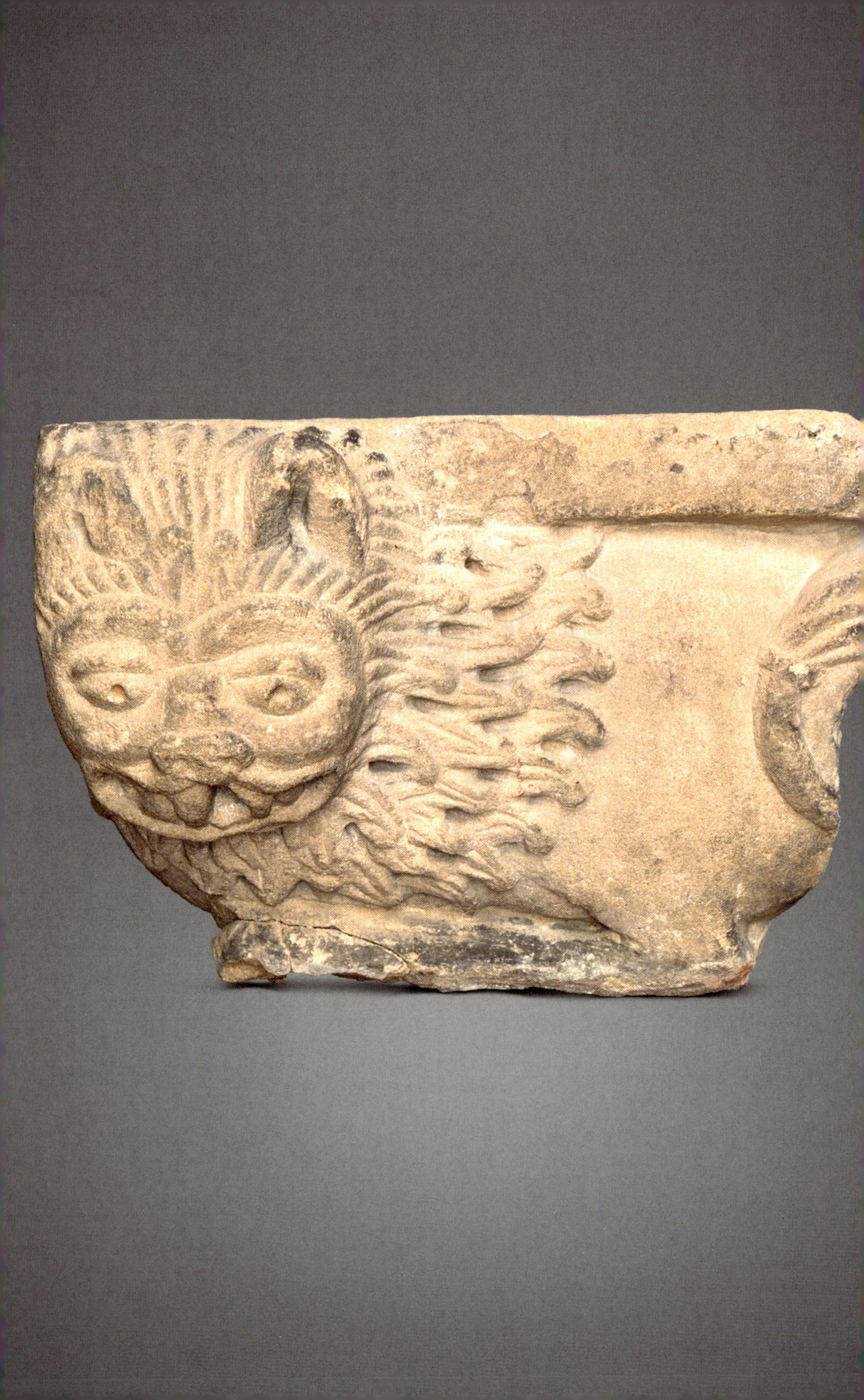

LÖWE, NACH LINKS GEWANDT

Gelber Sandstein, H. 30 cm, B. 41 cm, L. 24 cm
Inv. Nr. PS 08706
Um 1200

Das rechte Ohr des Löwen ist weitgehend abgebrochen. Das linke Ohr, die Nasenspitze und das Bein sind bestoßen, ebenso die Abakusplatte. Der vordere Teil der Tatze wurde wieder angeklebt. Der hintere Teil des Tieres ist etwas ausgebrochen. In das Mauerwerk eingebundener Kämpferstein bzw. Säulenkapitell.

Die Löwenfigur dieses Architekturfragmentes ist aus einem Polsterkämpferstein entwickelt, der von einer Abakusplatte abgeschlossen wird. Nur die breite Vorderseite und die linke Schmalseite des Steins sind ausgearbeitet, was die Anbringung in einem Winkel der Architektur erkennen lässt. Denkbar ist die einstige Aufstellung auf der rechten Seite eines Portals. Otto Böcher vermutet, dass der nach links gewandte Löwe sowie die weibliche Sphinx das Südportal der Johanneskirche geschmückt haben könnten. Der Löwe hockt nicht frontal zum Betrachter, sondern wendet sich zu seiner linken Seite, um den Betrachter von oben anzuschauen. Die üppige Mähne ist wie ein dreifacher Lockenkranz gearbeitet, der sich bis weit auf den Rücken erstreckt. Der Schwanz mit Quaste zeigt, dass der Kämpferstein bzw. das Säulenkapitell den ganzen Löwen darstellte. Anatomisch unklar ist das Löwenbein, das wohl als Hinterpfote zu benennen ist. Die Kopfform mit breitem, wulstigem Maul und gefletschten Zähnen sowie den großen Augen lässt die gleiche Werkstatt erkennen, die auch die beiden Sphingen, den Löwen mit heraushängender Zunge und den einen Menschen verschlingenden Löwen geschaffen hat. Bisher war es leider nicht möglich, die Wormser Bestien des Mainzer Dommuseums durch einen spezialisierten Restaurator auf Spuren einer alten Farbfassung hin untersuchen zu lassen. Der Blick durch die Lupe auf die Steine ist jedoch vielversprechend und lässt interessante Ergebnisse erwarten.

Literatur: Arens/Böcher 1961/62, S. 105 (M 4).

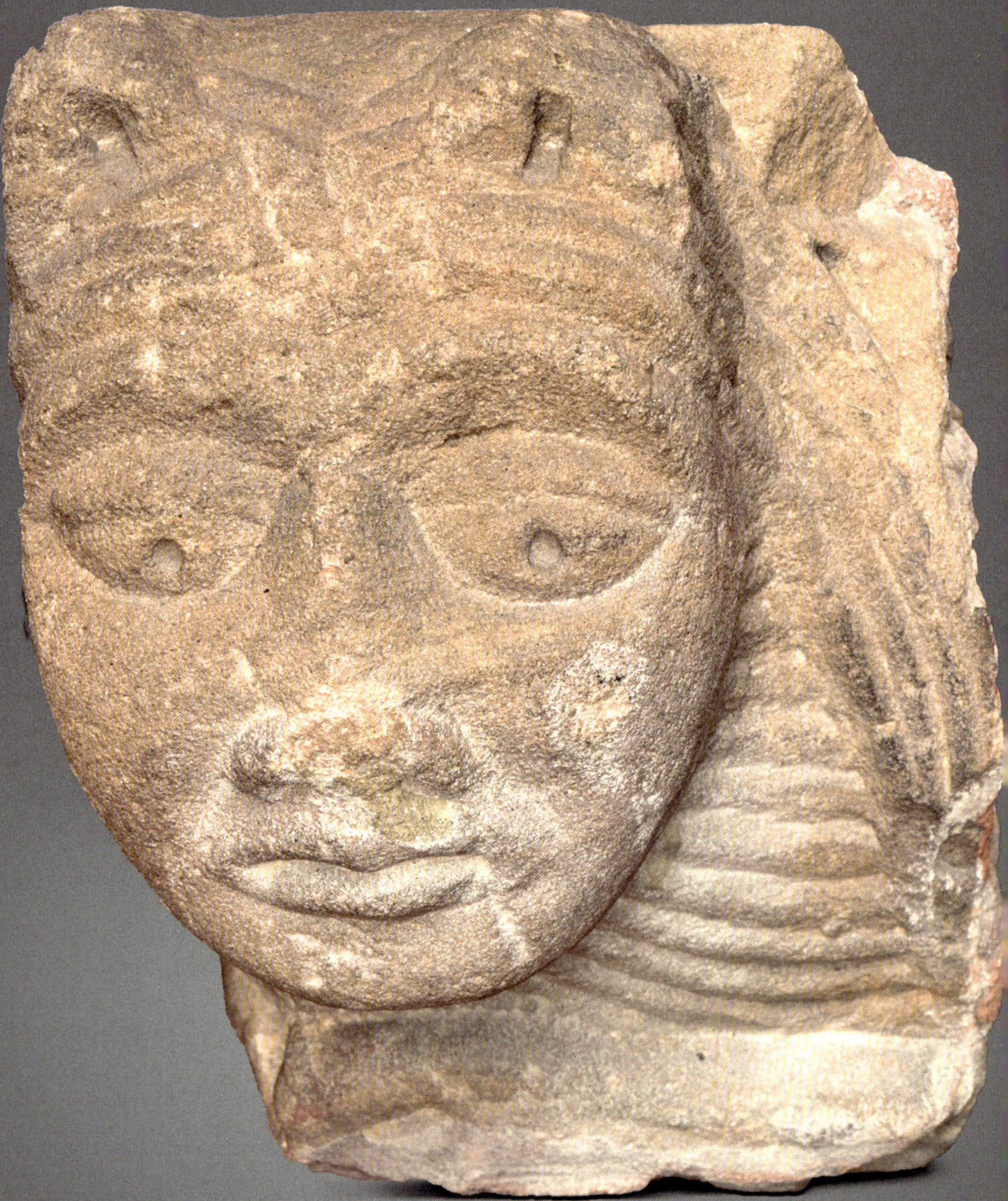

KLEINE SPHINX, WEIBLICH

Gelber Sandstein, H. 29 cm, B. 26 cm, T. 49 cm
Inv. Nr. PS 00166
Um 1200

Fehlstellen an Ohren, Stirn, Nase, linker Wange, Lippe und an der Abakusplatte. Kopf einer Wandvorlage bzw. Kämpferstein.

Das Architekturfragment zeigt den Rumpf einer Sphinx. Das Gesicht hat menschliche Züge ohne besondere Mimik. Der Mund ist geschlossen, die Nase breit gearbeitet. Große, mandelförmige Augen blicken nach unten; ihre Iris ist durch eine Bohrung dargestellt. Die spitzen Ohrmuscheln über der Stirn sowie über den Augen und von den Wangen nach hinten gelegte, in einer Volute endende Haarsträhnen, sind die eines Löwen. Die rechte Seite der Figur lässt die Grundform eines Polsterkämpfersteins erkennen (Abakusplatte und Polster), welches ähnlich auch am Wormser Dom zu finden ist. Eine schematisch angedeutete, nach vorne gelegte Tatze schließt den Stein unten ab. Die linke Seite des Steins sowie seine Rückseite sind unbearbeitet, was darauf schließen lässt, dass der Schmuckstein in einer Ecke der Architektur eingebunden war. Die weibliche Sphinx hat stilistisch große Ähnlichkeit mit der männlichen Sphinx des Mainzer Dommuseums (PS 08707) und der des Liebieghauses Frankfurt (Inv. Nr. 1025, Abb. 12), als deren Herkunftsort die Johanneskirche in Worms angenommen wird. Für die genannten Skulpturen kann die gleiche Werkstatt, wenn nicht sogar die gleiche Steinmetzhand vermutet werden. Arens/Böcher (1961/62, S. 104–106) nehmen an, dass dieser Werkstein zusammen mit dem sich nach links wendenden Löwen des Dommuseums (PS 08706) sowie dem Löwenstein (W 55) im Andreasstift Worms im Südportal der Johanneskirche verbaut gewesen sein könnte.

Literatur: Arens/Böcher 1961/62, S. 104f. (M 3).

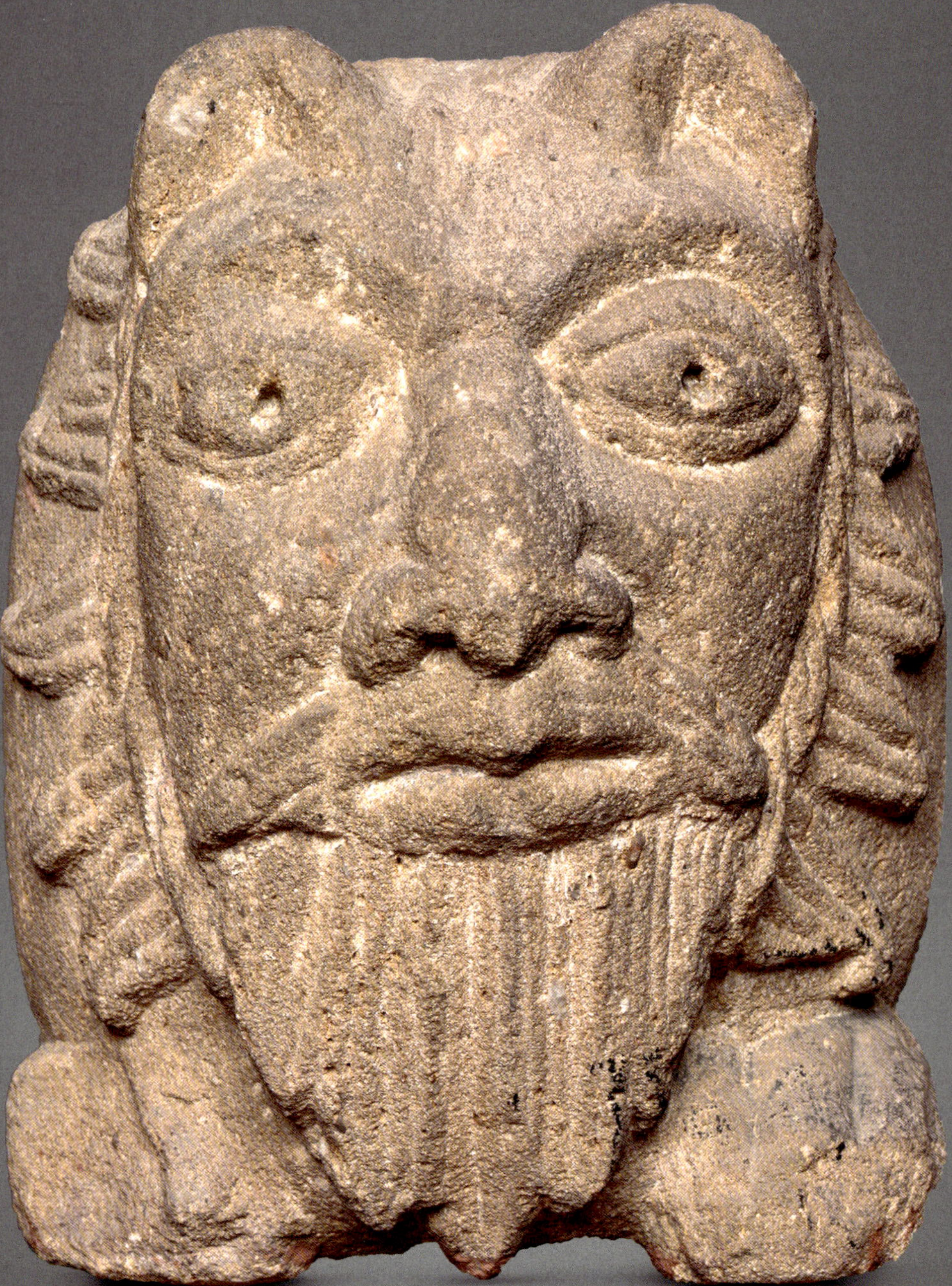

MÄNNLICHE SPHINX

Gelber Sandstein, H. 44 cm, B. 36 cm, T. 61 cm
Inv. Nr. PS 08707
Um 1200

Kleiner Ausbruch am rechten Ohr, Fehlstelle an der rechten Tatze und Ausbrüche an den Vorderpfoten. Metalldorn zur Befestigung einer Säule verloren. In das Mauerwerk eingebundenes Fußstück bzw. Sockel einer Säule.

Ein motivisches Gegenstück zu der weiblichen Sphinx ist der Werkstein mit männlicher Sphinx. Auch hier fallen die breite Nase und die großen, vortretenden Augen mit Bohrung der Pupille auf. Der geschlossene Mund hat etwas kräftigere Lippen als die weibliche Sphinx. Die Locken der Mähne, aus drei bis vier Strähnen gebildet, die in einer kleinen Volute enden, wirken wie ein das Gesicht rahmender Kranz. Der lange Oberlippen- und Kinnbart gibt dem Gesicht menschliche Züge, deutet aber gleichzeitig auch einen männlichen Dämon an. Anders als die weibliche Sphinx ist die männliche deutlich größer und nicht als Kopf, sondern als Sockel einer Säule bzw. Wandvorlage zu verstehen. Der abgeflachte Rücken des Fabelwesens mit Dübelloch in der Mitte, verrät seine Funktion. Aber auch der gerade nach vorne gerichtete Blick mit oben und unten ausgearbeiteten Augenlidern macht die Position des Steins in der Architektur deutlich. Beide Seiten der Sphinx sind mit mächtigem Hals und bis zum Ellenbogen ausgearbeiteten Vordertatzen (die rechte Tatze des Tieres ist abgebrochen) ausgeführt, so dass hier eine auf drei Seiten freie Aufstellung, vielleicht im Bereich der Zwerggalerie, wahrscheinlich ist. Das hintere Viertel des Steins ist etwas schmaler und nur grob bossiert, um den Stein in das Mauerwerk einzulassen.

Literatur: Kranzbühler 1905, Abb. 26a; Arens/Böcher 1961/62, S. 105 (M 7).

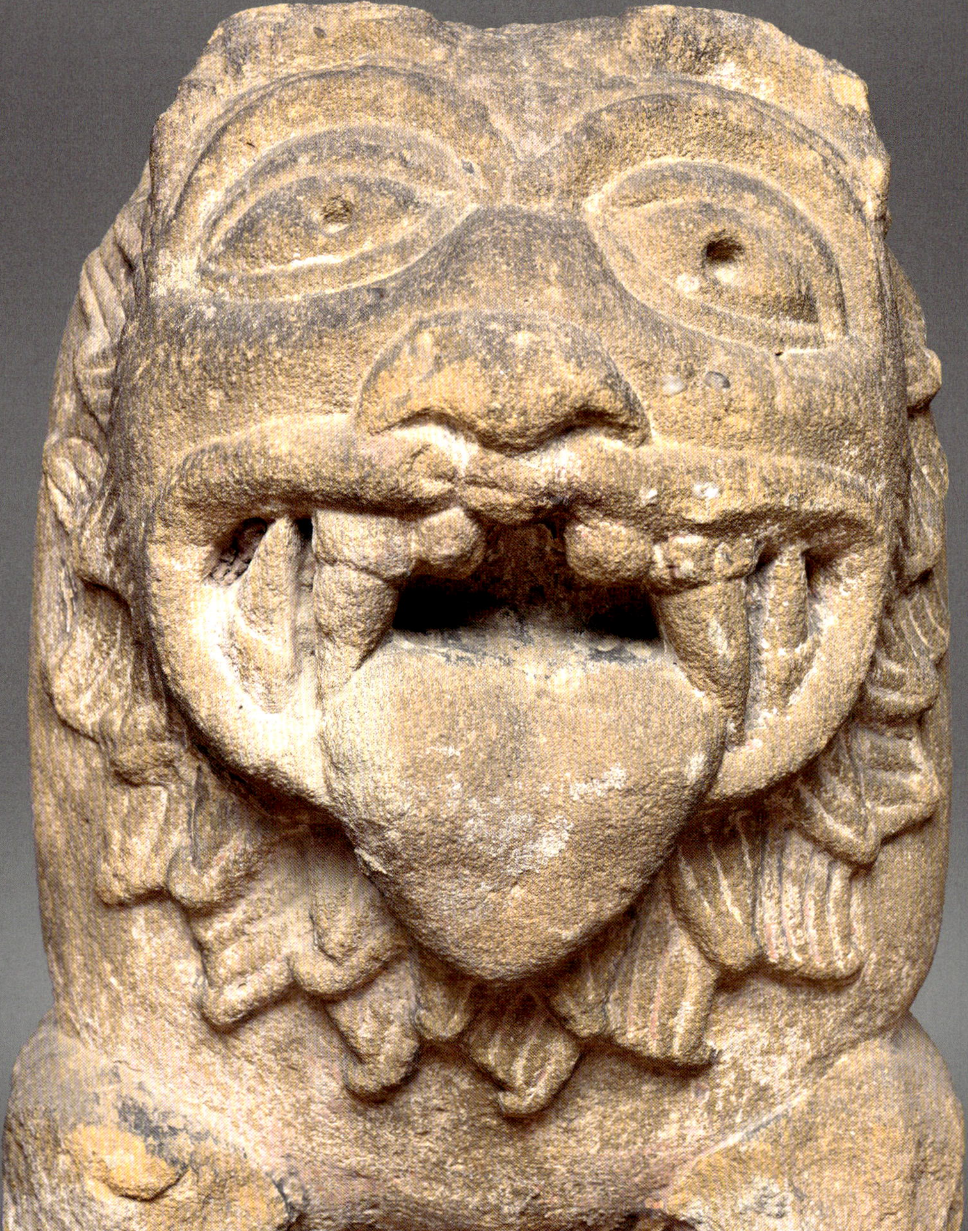

LÖWE MIT HERAUSHÄNGENDER ZUNGE

Gelber Sandstein, H. 42 cm, B. 32 cm, L. 53 cm
Inv. Nr. PS 08709
Um 1200

Beide Ohrenspitzen sind bestoßen, ebenso die Tatzen. Ein alter Metalldorn zur Befestigung einer Säule ist noch vorhanden. In das Mauerwerk eingebundenes Fußstück bzw. Sockel einer Säule.

Die Steinskulptur zeigt die Halbfigur eines gekauerten Löwen mit geöffnetem Maul, aus dem die Zunge heraushängt. Wie bei dem Stein mit männlicher Sphinx handelt es sich auch hier um den Sockel einer Säule, was am abgeflachten Rücken der Bestie erkennbar ist, auf dem eine runde Säulentrommel mittels eines Metalldübels befestigt wurde. Das hintere Viertel des Steins ist etwas schmaler und nur grob behauen, zur Einlassung in den Steinverbund einer Mauer. Das markante Bestiengesicht ist bestimmt durch zwei große, hervortretende Augen, die oben und unten von einem Lid gerahmt werden, einer breiten Nase und einem großen Maul, dessen Lippen aus einem gleichförmigen Wulst gebildet sind. Das Tier zeigt dem Betrachter zwar seine spitzen Reißzähne, wirkt aber aufgrund fehlender Mimik bedingt bedrohlich. Die Mähne ist wie ein Strahlenkranz in zwei Reihen um den Kopf gelegt. Die Vorderpfoten liegen in einem rechten Winkel nach vorne und enden vor dem Kopf.
Der Steinlöwe mit heraushängender Zunge zeigt motivisch und stilistisch die gleiche Verwandtschaft wie die oben beschriebene Bauplastik und ist vielleicht der gleichen Steinmetzhand zuzuschreiben.

Literatur: Kranzbühler 1905, Abb. 26c; Arens/Böcher 1961/62, S. 105 (M 6).

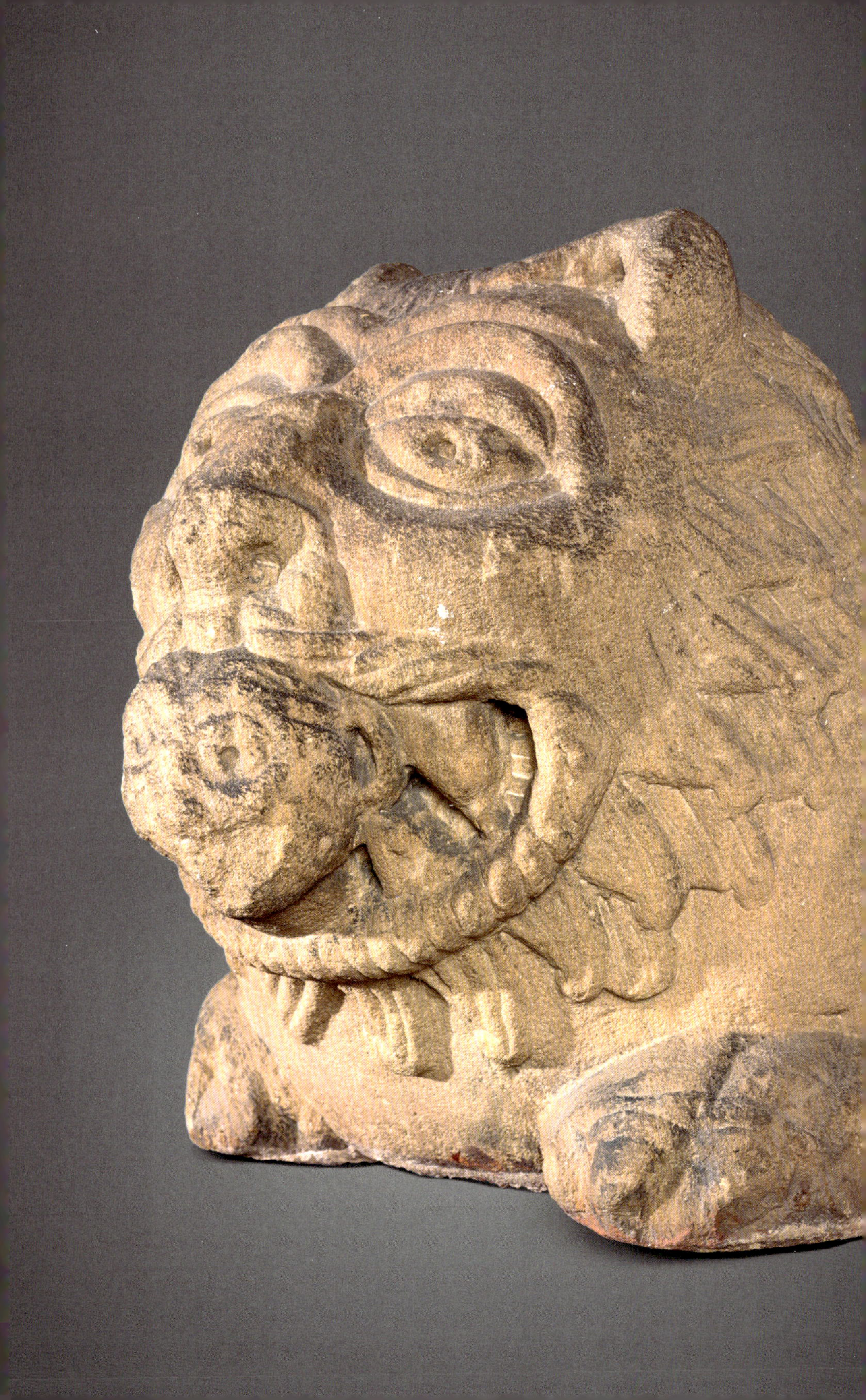

LÖWE, DER EINEN MENSCHEN VERSCHLINGT

Gelber Sandstein, H. 32 cm, B. 34 cm, L. 58 cm
Inv. Nr. PS 08708
Um 1200

Rechtes Ohr stark ausgebrochen, Spitze des linken Ohres fehlt. Untere Gesichtshälfte des Menschenkopfes abgebrochen, obere Hälfte z. T. abgerieben. Rechte Tatze des Löwen abgerieben. Pfoten an der Unterkante vielfach bestoßen. Dübelloch im Rücken des Tieres mit dem Rest des Metalldübels. In das Mauerwerk eingebundenes Fußstück bzw. Sockel einer Säule.

Der Werkstein ist in der gleichen Art gestaltet wie der Sockelstein mit Löwe mit heraushängender Zunge. Beide Steine sind auf drei Seiten ausgearbeitet, und die Rückseite ist nur grob behauen. Beide trugen einst eine Säule, die mit einem Dübel befestigt wurde. Der untere und hintere Rand des Steins ist, wie auch bei den Sphingen, mit einem Steg abgegrenzt, der sich zu einer Pfote entwickelt. Markant ist bei dem hier beschriebenen Stein der Kopf eines Menschen, der aus dem Maul des Löwen hervorschaut. Aufgrund der Beschädigung ist die Physiognomie des Menschen kaum noch erkennbar, und damit ist unklar, ob er in seiner Not schreit oder gottergeben sein Schicksal annimmt. Das Maul des Löwen ist wie das der beiden anderen Steinlöwen von St. Johannes aus einem Wulst gearbeitet, der hier zusätzlich durch Riefen gestaltet ist und an eine Kordel erinnert. Diese Gestaltung des Mauls ist auch bei den Löwenfiguren am Ostchor des Wormser Doms zu finden, die wohl um 1150 entstanden, sowie bei verschiedenen Dämonen der Westgalerie (um 1180). Das Kordelmotiv ist auch als Gestaltungselement bei den Schwänzen der Löwen am Ostportal des Mainzer Doms (um 1100) verwendet worden. Der Schmuckstein mit Löwe, der einen Menschen verschlingt, ist aufs engste vergleichbar mit einem Sockelstein mit Löwen des Liebieghauses Frankfurt (Inv. Nr. 1024, s. Abb. 11), der ebenfalls aus der Johanneskirche stammt.

Literatur: Kranzbühler 1905, Abb. 26b; Arens/Böcher 1961/62, S. 105 (M 5).

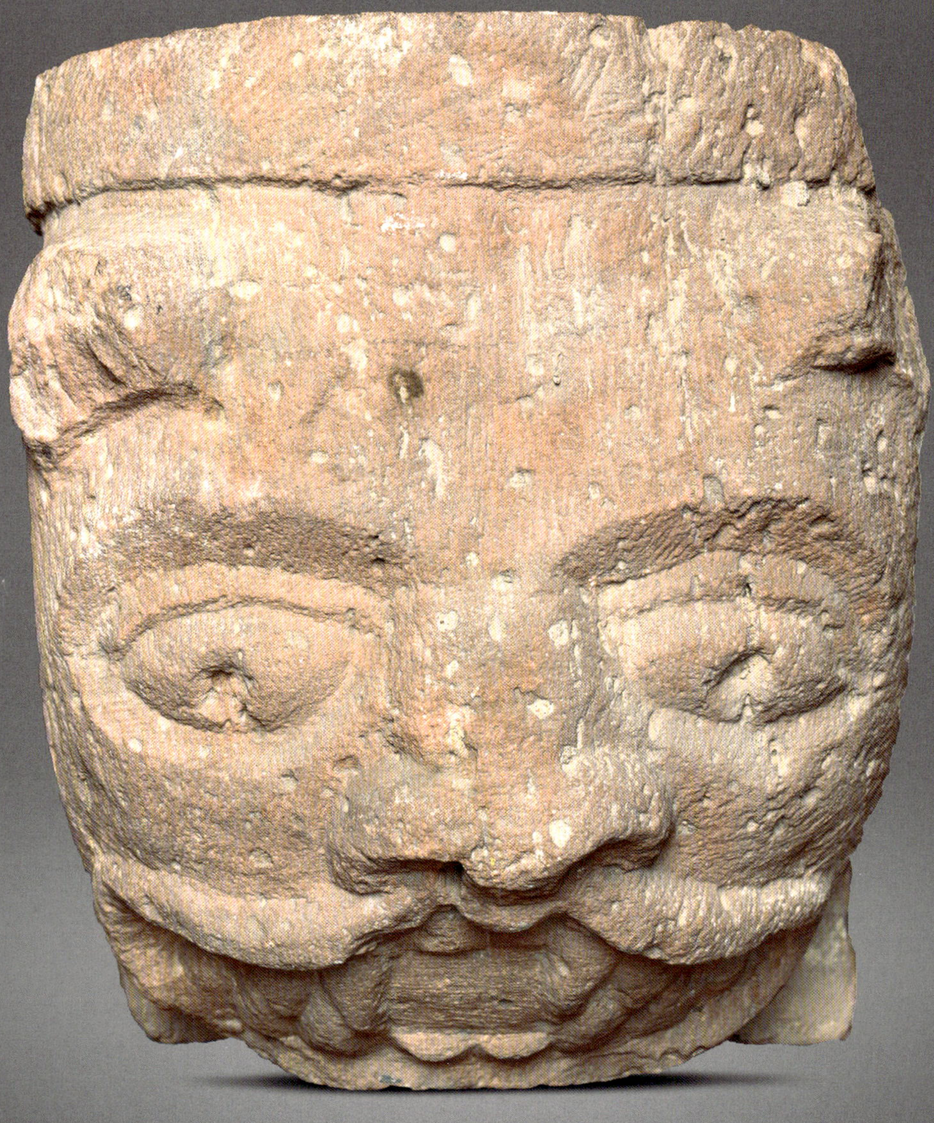

KOPF EINER LÖWIN MIT GEÖFFNETEM MAUL

Roter Sandstein, H. 32 cm, B. 33 cm, T. 59 cm
Inv. Nr. PS 08710
Um 1200

Beide Ohrenspitzen sind abgebrochen. Ein Riss zieht sich vom linken Auge hoch bis zur Abdeckplatte. Kleinere Steinausbrüche sind über den gesamten Kopf der Bestie verteilt. Konsole.

Der dreiseitig bearbeitete Stein zeigt den Kopf einer Löwin mit weit aufgerissenem Maul. Nur das nach unten blickende Gesicht ist ausgeformt. Eine Mähne, welche die Bestie als männlichen Löwen identifizieren ließe, fehlt. Wie die oben beschriebenen Bauplastiken ist das Gesicht durch die gleiche Augenausformung und Mundgestaltung gekennzeichnet, was auf dieselbe Steinmetzhand schließen lässt. Gleich der weiblichen Sphinx oder dem sich zur Seite wendenden Löwen schließt auch hier eine Abdeckplatte die Tiergestalt ab. Jedoch ist weniger als die Hälfte des längsrechteckigen Steins ausgearbeitet. Die Steinform lässt deutlich die Funktion als Konsole erkennen. Die geringen Schäden am Stein sind wohl darauf zurückzuführen, dass er wettergeschützt, vielleicht im Inneren der Johanneskirche, verbaut war. Dafür spricht auch die Größe der Konsole. Eine Anbringung unter dem Bogen eines Rundbogenfrieses am Außenbau ist nicht denkbar. Auch dieser Stein steht in engem Zusammenhang mit den Bestiarien im Wormser Andreasstift und den Wormser Steinen des Liebieghauses Frankfurt.

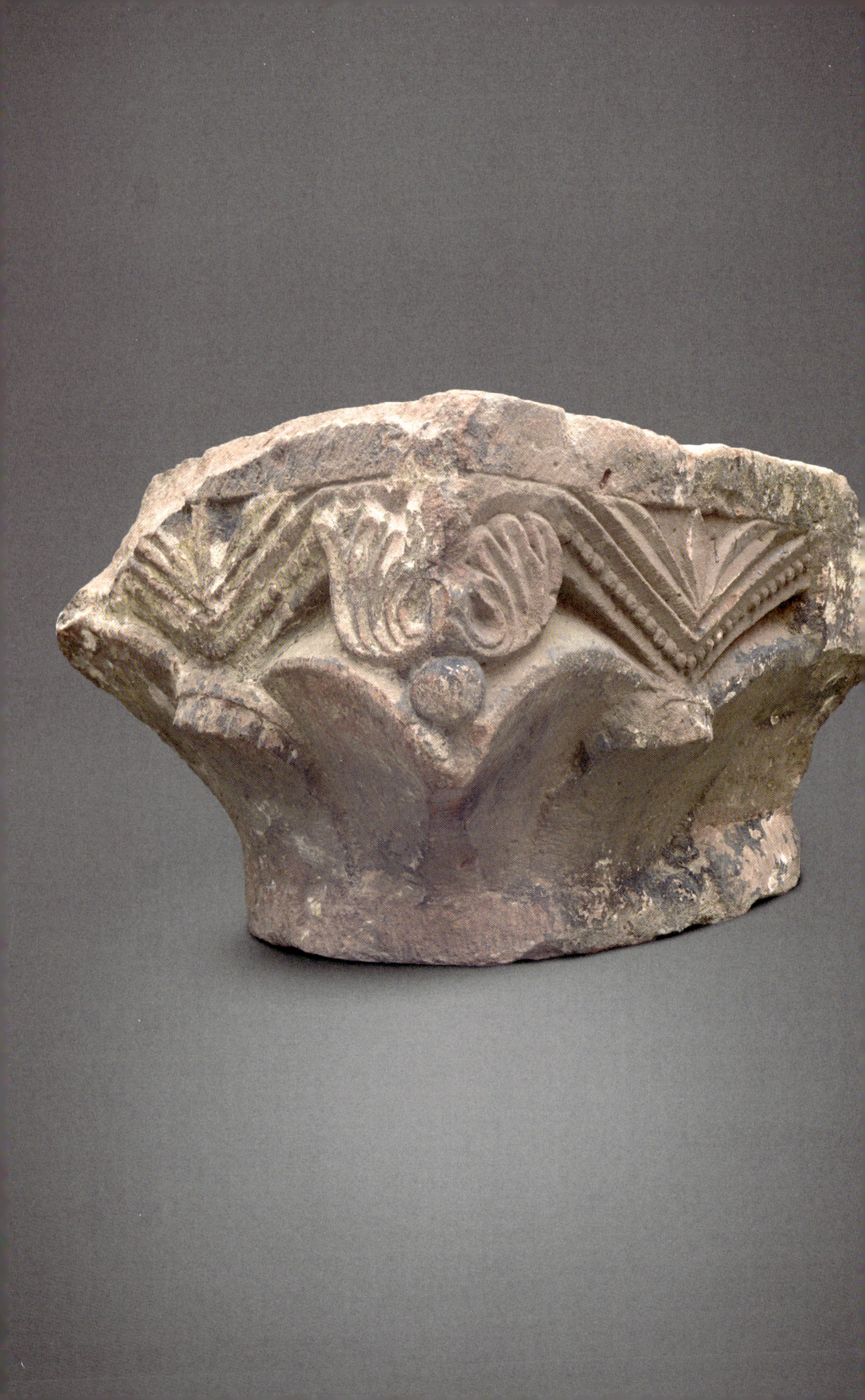

SOGENANNTES STRASSBURGER ODER WORMSER KAPITELL

Roter Sandstein, H. 39 cm, B. 49 cm
Inv. Nr. PS 13485
Um 1200

Die Abakusplatte des Kapitells ist an vielen Stellen bestoßen, die Ecke vorne links ist bis in die obere Kapitellzone ausgebrochen. Am Kapitell sind sonst nur wenige kleinere Ausbrüche zu verzeichnen.

Das Kapitell ist einzig an zwei Seiten ausgearbeitet, was auf die Anbringung in einem Winkel schließen lässt. Dabei zeigte das Kapitell mit einer Ecke nach vorne und nicht mit der flachen Seite, wie das in Größe und Gestalt verwandte Kapitell im Landesmuseum Mainz (Abb. 14), welches mit einer vollen und zwei halben Seiten ausgearbeitet ist. Im Aufbau ist das Kapitell des Mainzer Dom- und Diözesanmuseums zweizonig: unten mit einem Kranz aus im Wechsel glatten und gezaddelten Blättern, oben Helices mit Mittelpalmette, darin Perlbänder. Es ist nach Otto Böcher (Arens/Böcher 1961/62, S. 92) die ältere Form des Straßburger/Wormser Kapitells. Das Kapitell wurde zeitgleich mit einem jüngeren Typ des Straßburger/Wormser Kapitells an der Wormser Johanneskirche verbaut, was mehrere erhaltene Beispiele in Worms und Heidelberg belegen. Das Kapitell jüngeren Typs hat zusätzlich glatte und diamantierte oder gelochte, girlandenförmige Bänder (s. Abb. 14). Die Kapitellform ist auch an der Westgalerie des Wormser Doms (um 1180) zu finden. Dies lässt die gleiche Bauhütte vermuten. Größe und Ausarbeitung des Kapitells lassen auf die einstige Anbringung im Innenraum der Wormser Johanneskirche schließen. Arens/Böcher (1961/62, S. 87) vermuten, dass das Kapitell einst innen, am Fuße der Kuppel der Hauptkirche verbaut war.

Literatur: Arens/Böcher 1961/62, S. 103 (M 1).

LITERATUR

Arens 1997 – Andrea Arens: Skulpturen des 13. bis 15. Jahrhunderts im Landesmuseum Mainz (= Museum im Taschenformat 2), Kaiserslautern 1997.

Arens/Böcher 1961/62 – Fritz Arens, Otto Böcher: Studien zur Bauplastik und Kunstgeschichte der Johanneskirche zu Worms, in: Der Wormsgau 5 (1961/62), S. 85–107.

Biehn 1933 – Heinz Biehn: Ein Beitrag zur Geschichte des deutschen Zentralbaues bis zum Jahre 1500, Worms 1933.

Binding 2002 – Günther Binding: Baptisterium, in: LdM, Bd. I, Sp. 1425f.

Böcher 2010 – Otto Böcher: Johannesoffenbarung und Kirchenbau. Das Gotteshaus als Himmelsstadt, Neukirchen-Vluyn 2010.

De Filippo 2010 – Aquilante De Filippo: Die Bauskulptur des Mainzer und Wormser Domes und ihre Vorbilder in der Lombardei, in: Kat. Mannheim 2010, S. 150–160.

De Filippo/Keil 2013 – Aquilante De Filippo, Wilfried Keil: Die Johanniskirche zu Mainz um 900, in: Hatto I. Erzbischof von Mainz (891–913). Von der Reichenau in den Mäuseturm, hg. von Winfried Wilhelmy, Ausst.-Kat. Bischöfliches Dom- und Diözesanmuseum Mainz, Regensburg 2013, S. 114–119.

Dehio Rheinland-Pfalz/Saarland 1984 – Handbuch der deutschen Kunstdenkmäler. Rheinland-Pfalz/Saarland, bearb. von Hans Caspary, Wolfgang Götz und Ekkart Klinge, 2., bearb. u. erweiterte Auflage, Berlin 1984.

Dielhelm 1744 – Johann Hermann Dielhelm: Denkwürdiger und nützlicher Rheinischer Antiquarius [...], Frankfurt am Main 1744.

Dommuseum Mainz 2008 – Alexandra König, Diana Ecker, Bettina Schüpke: Dommuseum Mainz. Führer durch die Sammlung, hg. von Hans-Jürgen Kotzur, Mainz 2008.

Ecker 2010 – Diana Ecker: Das Mainzer Dom-Museum, Geschichte und Geschichten, Mainz 2010.

Englert 1986 – Siegfried Englert: Der Dom zu Worms, Worms 1986.

Gassen 2007 – Richard W. Gassen: Romanik zwischen Speyer, Mainz und Heidelberg, Petersberg 2007.

Hamm 2013– Jürgen Hamm: Außeninstandsetzung der Ostgruppe des Wormser Domes – Teilabschnitt Südturm und Ostseite, in: Der Wormsgau 30 (2013), S. 59–71.

Heiß 1934/43 – Adolf Heiß: Versuch einer Rekonstruktion der Wormser Königspfalz, in: Der Wormsgau 2 (1934/43), S. 126–139.

Hinkel 2008 – Helmut Hinkel (Hg.): Friedrich Schneider. Ein Mainzer Kulturprälat 1836–1907 (= Neues Jahrbuch für das Bistum Mainz 2008), Mainz 2008.

Hotz 1981 – Walter Hotz: Der Dom zu Worms, Darmstadt 1981.

Hotz 1985 – Walter Hotz: Die Wormser Bauschule 1000–1250. Werke – Nachbarn – Verwandte. Studien über landschaftsbezogene deutsche Baukunst, Darmstadt 1985.

Jöckle 1989 – Clemens Jöckle: Der Dom zu Speyer (Schnell & Steiner Kleine Kunstführer 607), 13., neu bearbeitete Auflage, München, Regensburg 1989.

Jung 1990 – Wilhelm Jung: Der Dom zu Mainz (Schnell & Steiner Kleine Kunstführer 608), 20. Auflage, München, Regensburg 1990.

Kat. Mainz 1998 – Cîteaux 1089–1998. Rheinische Zisterzienser im Spiegel der Buchkunst, Ausst.- Kat. Landesmuseum Mainz, Wiesbaden 1998.

Kat. Mannheim 2010 – Die Staufer und Italien. Drei Innovationsregionen im mittelalterlichen Europa, hg. von Alfried Wieczorek, Bernd Schneidmüller und Stefan Weinfurter, Bd. 1: Essays, Ausst.-Kat. Reiss-Engelhorn-Museen Mannheim, Darmstadt 2010.

Kautzsch 1944 – Rudolf Kautzsch: Der romanische Kirchenbau im Elsaß, Freiburg 1944.

Kirche auf dem Weg 1992 – Kirche auf dem Weg. Das Bistum Mainz, Bd. 2: Mittelalter, bearb. von Regina Elisabeth Schwerdtfeger unter Mitwirkung von Friedhelm Jürgensmeier, Wilhelm Jung, Burkhard Keilmann, Paul Schotes, Norbert Schweikert, Straßburg 1992.

Kosch 2011 – Clemens Kosch: Die romanischen Dome von Mainz, Worms und Speyer. Architektur und Liturgie im Hochmittelalter (= Schnell & Steiner Große Kunstführer 259), Regensburg 2011.

Kranzbühler 1905 – Eugen Kranzbühler: Verschwundene Wormser Bauten, Beiträge zur Baugeschichte und Topographie der Stadt, Worms 1905.

LCI – Lexikon der Christlichen Ikonographie, 8 Bde., Freiburg 1968–1976 (Sonderausgabe Freiburg 1994).

LdM – Lexikon des Mittelalters, 9 Bde., München und Zürich 1977–1998 (Taschenbuchausgabe München 2002).

LdAW – Lexikon der Alten Welt, 3 Bde., Zürich und München 1990 (Ausgabe Augsburg 1994).

Mahlerwein 2011 – Gunter Mahlerwein: Johann Philipp Bandel (1785–1866). Ein Wormser Demokrat und Kunstsammler, Worms 2011.

Martin 2002 – Erwin Martin: Kuriositäten der alten Reichsstadt Worms. Notizen französischer Touristen vor der Stadtzerstörung von 1689, in: Der Wormsgau 21 (2002), S. 47–67.

Mertens 1995 – Holger Mertens: Studien zur Bauplastik der Dome in Speyer und Mainz. Stilistische Entwicklung, Motivverarbeitung und Formenrezeption im Umfeld der Baumaßnahmen des frühen 12. Jahrhunderts (= Quellen und Abhandlungen zur mittelrheinischen Kirchengeschichte 76, hg. von Isnard Wilhelm Frank), Mainz 1995.

Nothnagel/Arens 1971 – Karl Nothnagel, Fritz Arens (Bearb.): Staufische Architektur in Gelnhausen und Worms, Göppingen 1971.

Peters 2013 – Emil Peters: Der Physiologus. Tiere und ihre Symbolik, Köln 2013.

Reuter 1989 – Fritz Reuter: Peter und Johann Friedrich Hamman. Handzeichnungen von Worms aus der Zeit vor und nach der Stadtzerstörung 1689 im „Pfälzischen Erbfolgekrieg“, Worms 1989.

Schäfke 1993 – Werner Schäfke: St. Gereon in Köln, Köln 1993.

Schmitt 1895 – Franz Jakob Schmitt: Die St. Johannes-Taufcapelle in Worms, ein Decagon, in: Repertorium für Kunstwissenschaft 18 (1895), S. 118–120.

Schneider 1903 – Friedrich Schneider: Der Dom zu Mainz und seine Denkmäler in künstlerischen Aufnahmen, Mainz 1903.

Spille 1992 – Stadt Worms, bearb. von Irene Spille unter Mitwirkung von Herbert Dellwing und Fritz Reuter (= Denkmaltopographie Bundesrepublik Deutschland. Kulturdenkmäler in Rheinland-Pfalz 10), Worms 1992.

Untermann 1998 – Matthias Untermann: Der Zentralbau im Mittelalter. Form – Funktion – Verbreitung, Darmstadt 1998.

Untermann 2010 – Matthias Untermann: Die drei Kaiserdome Speyer, Mainz und Worms, in: Kat. Mannheim 2010, S. 202–209.

Untermann 2011 – Matthias Untermann: Die Baugeschichte des Wormser Doms, in: Die Salier. Macht im Wandel. Essays. München 2011, S. 232–239.

Verbeek 1979 – Albert Verbeek: Das Münster in Bonn (= Rheinische Kunststätten 213), Neuss 1979.

Wegner 1997 – Stadt Mainz. Altstadt, bearb. von Ewald Wegner unter Mitwirkung von Hans Caspary, Paul-Georg Custodis, Ludwig Falck und Gerhard Rupprecht (= Denkmaltopographie Bundesrepublik Deutschland. Kulturdenkmäler in Rheinland-Pfalz 2.2), 3. Auflage, Worms 1997.

Winterfeld 1984 – Dethard von Winterfeld: Der Dom zu Worms, Königsstein im Taunus 1984.

Winterfeld 2001 – Dethard von Winterfeld: Romanik am Rhein, Stuttgart 2001.

Winterfeld 2003 – Dethard von Winterfeld: Die Gotthard-Kapelle im Mainzer Dom. Zur Deutung architektonischer Formen, in: Rück-Sicht. Festschrift für Hans-Jürgen Imiela, hg. von Daniela Christmann et al., Mainz 1997, S. 17–31. Wiederabdruck in: Meisterwerke mittelalterlicher Architektur. Beiträge und Biographie eines Bauforschers, Festgabe für Dethard von Winterfeld zum 65. Geburtstag, hg. von Ute Engel, Kai Kappel und Claudia Annette Meier, Regensburg 2003, S. 240–254.

Winterfeld 2013 – Dethard von Winterfeld: Der alte Dom zu Mainz. Zur Architektur der Johanneskirche (= Forschungsbeiträge des Bischöflichen Dom- und Diözesanmuseums 1, hg. von Winfried Wilhelmy), Mainz 2013.

Zinke 1981 – Detlef Zinke (Bearb.): Italien, Frankreich, Spanien, Deutschland 800–1380 (= Liebieghaus-Museum alter Plastik, Wissenschaftliche Kataloge, hg. von Herbert Beck, Nachantike großplastische Bildwerke 1), Melsungen 1981.

ABBILDUNGSNACHWEIS

Andrea Arens: Abb. 15, 16, 18, 19, 20

© Liebieghaus Skulpturensammlung, Frankfurt am Main: Abb. 11, 12

Bischöfliches Dom- und Diözesanmuseum Mainz: Abb. 1, 3, S. 35, 36, 38, 40, 42, 44, 46, 48 *(Ralf Reiner Steffens)*, Abb. 21

© GDKE – Landesmuseum Mainz (Ursula Rudischer): Abb. 14

Bildarchiv Foto Marburg: Abb. 22

© The British Library Board, archives and manuscrips/Add MS 15709: Abb. 2, S. 53

Museum der Stadt Worms im Andreasstift (Claudia Weissert): Abb. 10, 13

Stadtarchiv Worms: Abb. 5, 6, 7, 8, 9

Repros: Abb. 4 – Ecker 2010, S. 22, Abb. 17 – Kat. Mannheim 2010, S. 157 *(nach Foto Emilio Scoti, Mailand)*